Scotland panorama

English translation

KARLA MACKENZIE (New Zealand) & JONATHAN FINDLAY (Scotland)

HERVE SENTUCQ

Scotland panorama

EDITIONPANORAMART

S'étendant sur 3 kilomètres le long du rivage nord du loch Stack, dans les Sutherland, Arkle se distingue des montagnes voisines formées de gneiss. Ses pics sont en grande partie composés de quartzite blanc beaucoup plus jeune.

Extending for over 3 kilometres along the north bank of Loch Stack, in Sutherland, Arkle distinguishes itself from the nearby gneiss mountains due to its younger white quartzite peaks.

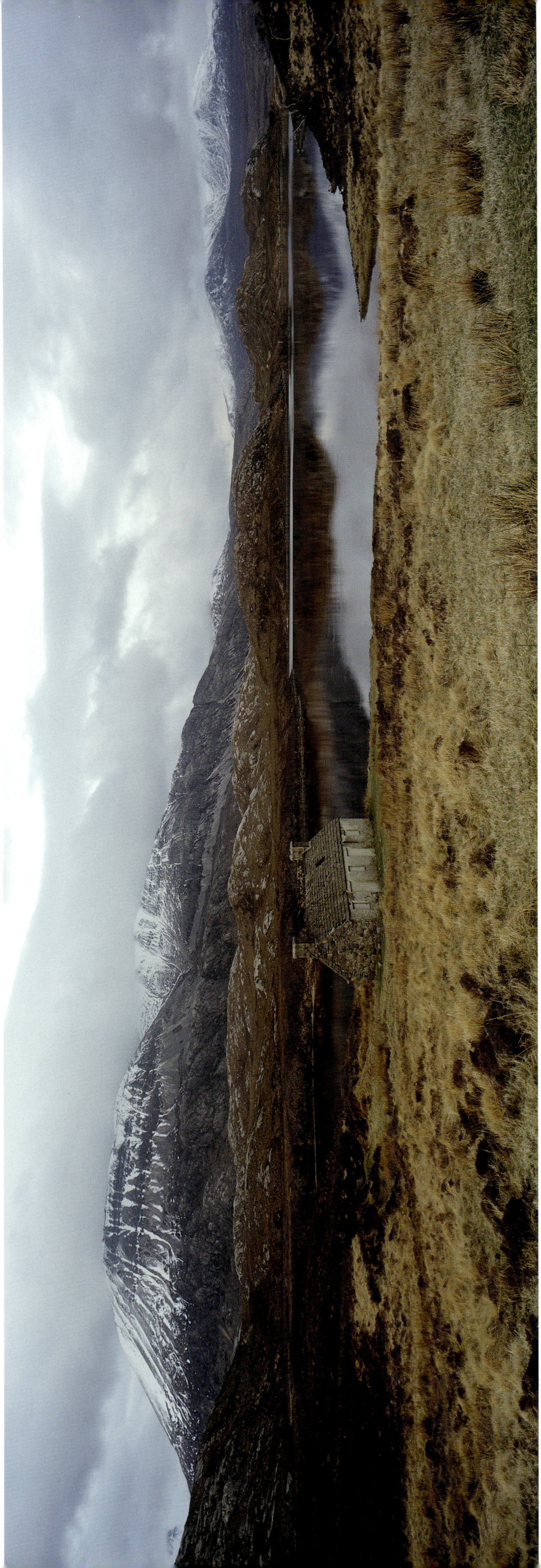

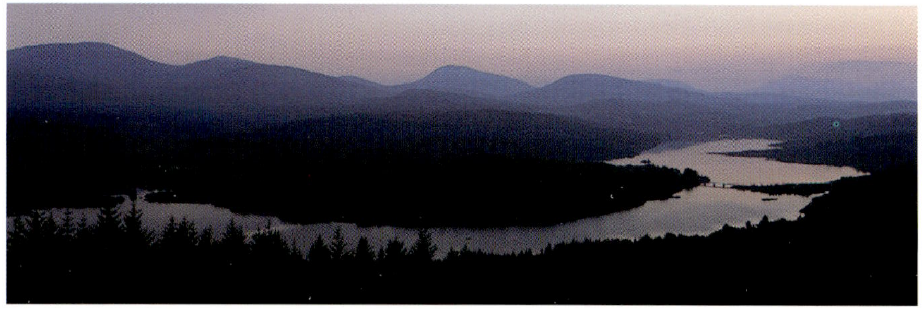

D'un point de vue sur la A87, l'extrémité ouest du Loch Garry a la forme de l'Ecosse.
From a viewpoint on the A87, the western extremity of Loch Garry is shaped like Scotland.

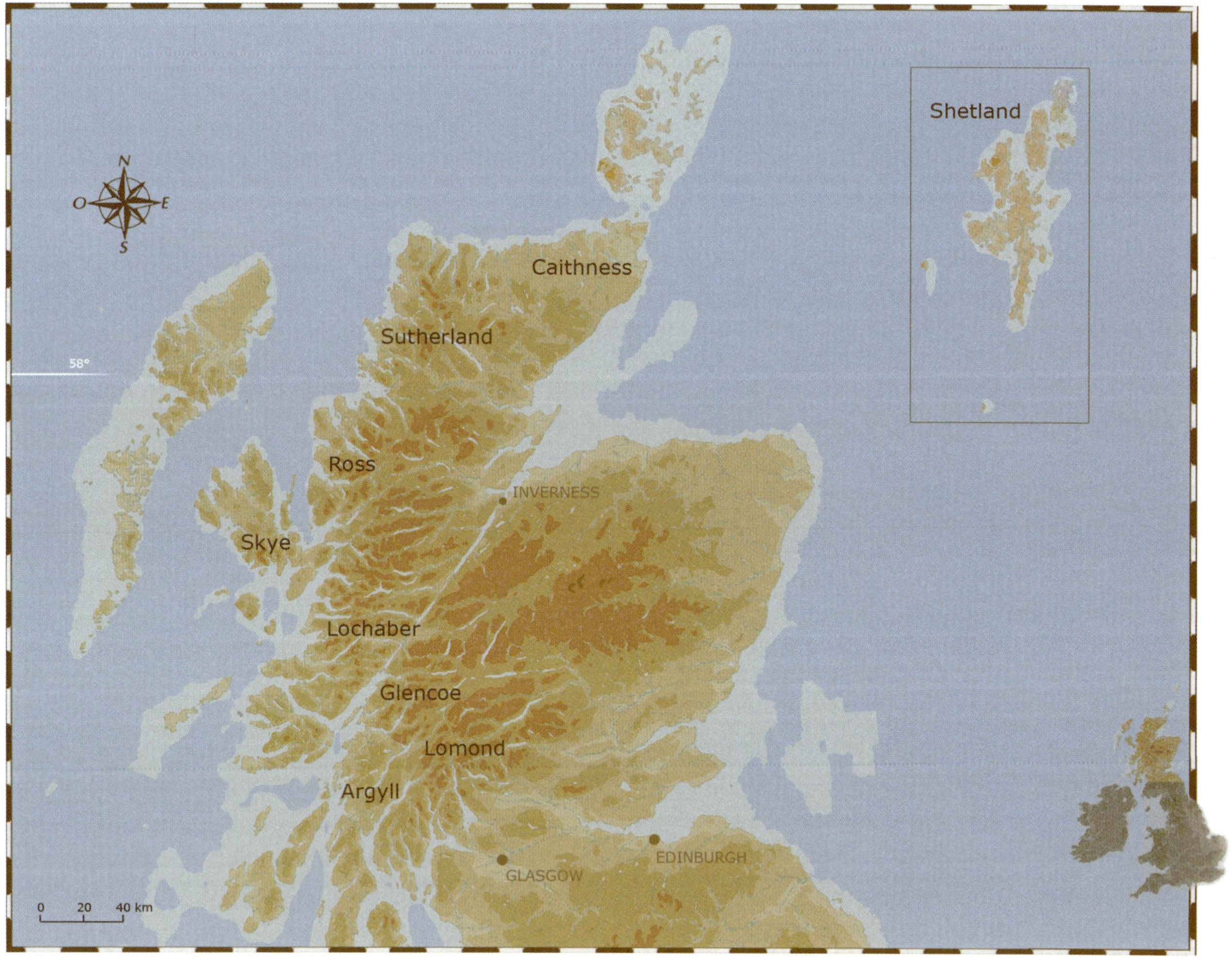

Sommaire

Contents

Roggie Falls, Ross & Cromarty : le saumon atlantique est un poisson migrateur qui effectue l'essentiel de sa croissance en eau salée, dans le nord de l'océan Atlantique et se reproduit en eau douce dans sa rivière natale. Un retour guidé par « l'odeur » de l'eau !

Roggie Falls, Ross and Cromarty: the Atlantic salmon is a migratory fish which spends the majority of its lifecycle in salt water, in the north of the Atlantic Ocean. It returns to spawn in its home stream. A return driven by "the smell" of water!

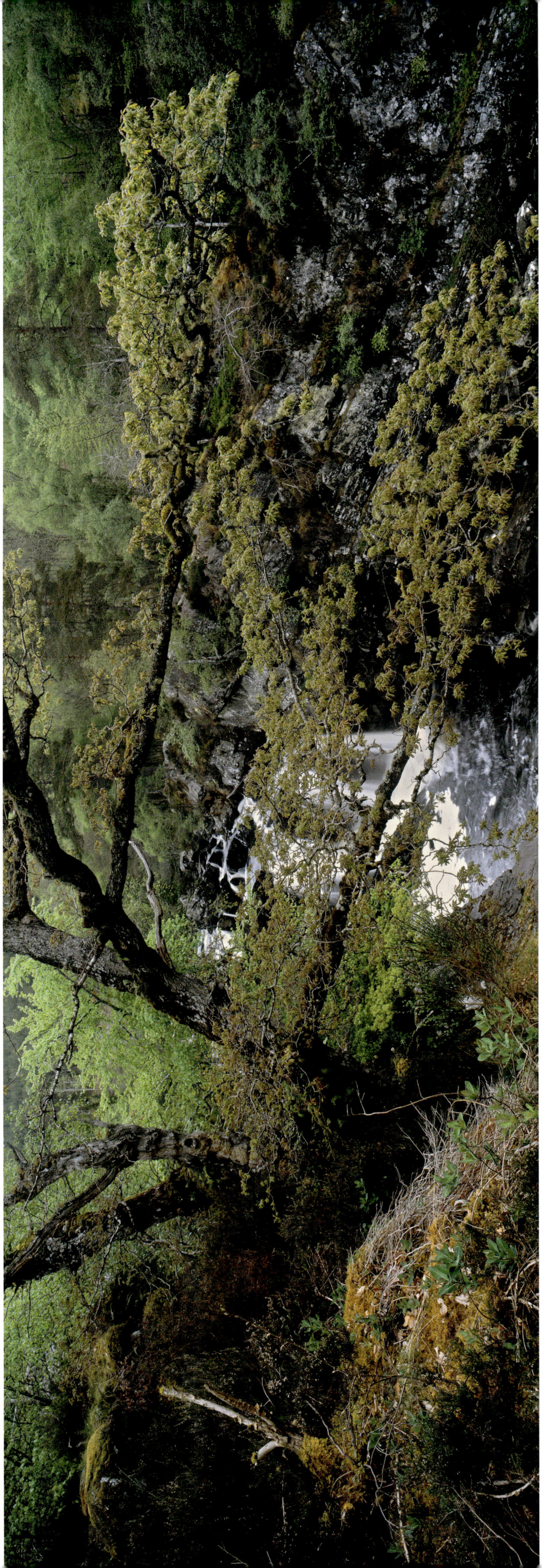

introduction

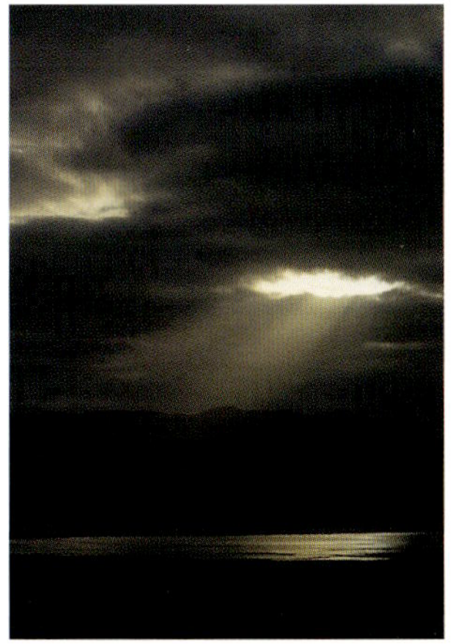

UN PAYS DE ROCHES ET D'EAU CERNÉ PAR LA MER

Loin des grandes agglomérations, à l'écart du développement industriel et économique, il existe une terre au climat sévère et au relief accidenté : les Highlands, au nord de l'Ecosse, entre Atlantique et Mer du Nord. Elles ont forgé la légende de ce pays et de ses fiers habitants. C'est l'une des dernières contrées vraiment sauvages d'Europe, le royaume de l'aigle, du cerf et du chat sauvage. L'espace cultivé représente moins de 3 % des terres. Il reste peu d'endroits dans le monde développé où l'absence d'humanité semble si aiguë.

Des millénaires d'érosion glacière ont sculpté une majestueuse alternance de vallées et de monts dépassant rarement 1 200 mètres d'altitude mais prenant souvent pied au niveau de l'océan. A l'ouest, la mer bordée d'îles se déploie sur 10 000 kilomètres de côte modelée par des vagues ravageuses. Tout au nord, les glaciers ont usé totalement l'ancien plateau dont il ne reste que quelques sommets isolés.

Construites par les anglais en 1715 après les soulèvements écossais, les Ruthven Barracks dominent un antique gué, rare point de traversée de la rivière Spey. Après la défaite de 1746, les highlanders survivants s'y rassemblèrent et y mirent le feu avant de se disperser. Badenoch & Strathspey.

A COUNTRY OF ROCK & WATER ENCIRCLED BY THE SEA

In the North of Scotland, between the Atlantic Ocean and the North Sea, far from big conglomerations and away from industrial and economic development, there is a land of austere climate and dramatic landscape: the Highlands. Many of the legends of Scotland and her proud people are derived from the Highlands. It is one of the few remaining wildernesses of Europe, the realm of the eagle, the stag and the wildcat. Less than 3% of the land surface has been cultivated and there are few places in the developed world where the absence of humanity is so marked.

Millenniums of glacial erosion have sculptured majestic valleys and mountains, rarely exceeding 1,200 metres in height but often reaching up from sea-level. To the west, the sea is lined with islands along 10,000 kilometres of coastline, shaped by crashing waves. To the north, the glaciers completely eroded the ancient plateau leaving only the occasional isolated summit.

Built by the English in 1715 after the Scottish uprisings, Ruthven Barracks dominates an ancient ford, a rare crossing point on the river Spey. After their defeat in 1746, the surviving highlanders assembled here and torched the barracks before dispersing. Badenoch and Strathspey.

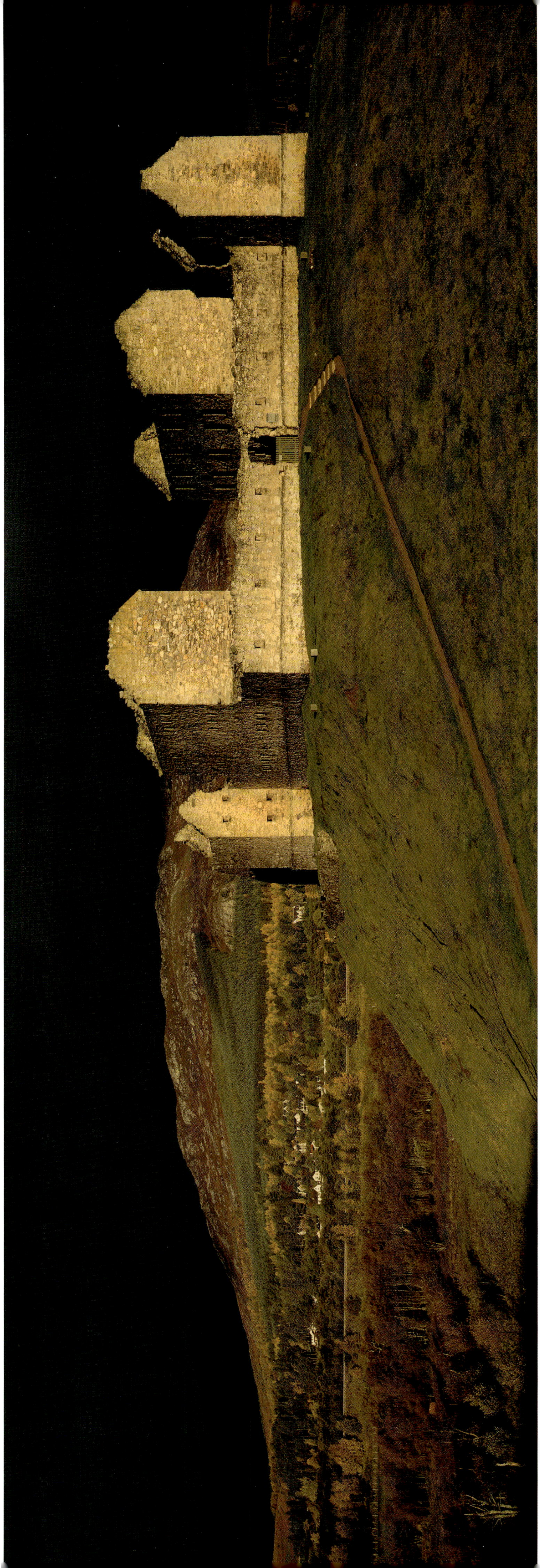

Côtes déchiquetées, lochs lugubres, vallées abruptes, landes drapées de bruyères et tourbières spongieuses, la nature des « Hautes Terres » ne fait pas d'effort pour séduire. Alliant l'immensité nordique à la douceur océanique, ces terres dépouillées, façonnées par la pluie, les marées et le vent, possèdent une beauté âpre et mélancolique. Pays de mystères, de légendes et de héros, à l'ambiance si unique et si différente du reste de l'Europe, qui semble appartenir à un temps poétique, propre à la rêverie, la promenade et la méditation.

L'humidité perpétuelle de l'air donne des ciels éperdument changeants, des symphonies en gris et noir, interrompues par des jeux de lumières étranges et des clartés extraordinaires. C'est la dialectique d'un lieu où ciel bleu, brumes, bourrasques et crachins se livrent une sempiternelle bataille, donnant des éclairages variés et subtils, fabriquant en une journée plus d'images magiques que l'œil ne peut en absorber.

Rugged coasts, lugubrious lochs, steep valleys, heather draped moors and spongy peat bogs; the wilderness of the Highlands makes no effort to charm. Blending the immensity of the North with the mildness of the ocean, these bare lands, shaped by rain, tide and wind, have a bitter and melancholic beauty. A country of mysteries, legends and heroes, with a unique atmosphere so different to the rest of Europe, it seems to belong to a poetic era, appropriate for musing, wandering and meditation.

The perpetual humidity of the air gives fantastically changeable skies; symphonies in grey and black, interrupted by spectacles of extraordinary light and clarity. It is a place of conflict where blue sky, mists, squalls and drizzle are engaged in a perpetual battle, giving varied and subtle lighting and creating more magical images in one day than the eye can absorb.

« Si je pouvais habiter un pays que j'aime, j'habiterais l'Ecosse. C'est un pays que j'aime parce qu'il y a des mystères, il y a des pluies, il y a des brouillards, il y a très peu de population et il y a de grandes étendues vierges. »

Jean Giono

"If I could live in a country I love, it would be Scotland. It's a country I love for its mystery, its rain, its fogs, and the sparsely populated large open spaces."

« Vive les mauvaises herbes et la nature sauvage. »
Gerard Manley Hopkins
"Long live the weeds and the wilderness yet."

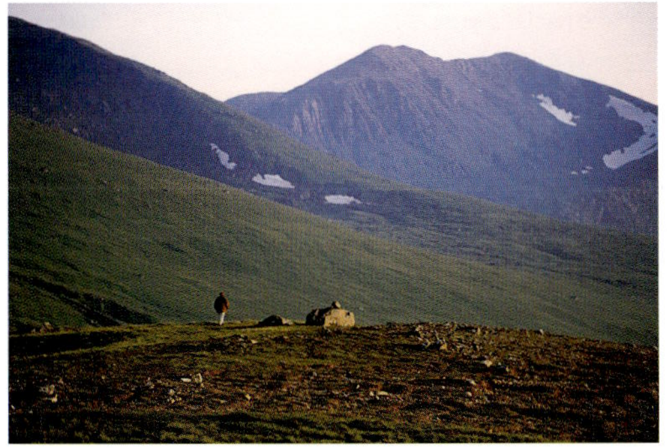

VOYAGE INITIATIQUE - HOMMAGE À KENNETH WHITE

Dans notre société urbanisée à outrance, on s'acharne à éliminer les vraies richesses que sont le silence, le temps, l'espace. Des siècles de civilisation nous ont éloigné de la nature et fait perdre quelque chose d'essentiel, cette saveur primordiale de la vie, ces moments d'extase absolue qu'on n'oublie jamais. Les espaces naturels permettent à nos esprits fatigués et sur-civilisés de se ressourcer, de renaître. Protégés par la distance de la marée de mercantilisme, ils nous ramènent à nos racines et nous aident à échapper à l'intensité de la vie moderne. Loin des voyages organisés et du merchandising généralisé, on redécouvre la gratuité du rapport entre les hommes, de l'amour, de la poésie, de la pensée, de tout ce que peut nous apporter et nous apprendre la nature.

S'attarder sur un sommet de ce pays intensément réel et contempler le soleil se coucher est une expérience inoubliable qui aide à mettre la vie en perspective. La rareté de la vie humaine et animale permet de se laisser envahir par le silence, d'ouvrir ses sens et son esprit, de respirer. Dans ces espaces infinis, on se sent discret dans l'univers, avec une sensation accrue de ce qu'est un être humain. Avec l'isolement on se retrouve et on donne à sa vie la densité qui va permettre l'échange.

INITIATORY JOURNEY - HOMAGE TO KENNETH WHITE

In our society, urbanized to excess, we seem intent upon eliminating the true treasures that are silence, time and space. Centuries of civilization have distanced us from something so essential, the basic flavour of life and the unforgettable moments of absolute ecstasy. Nature's wide open spaces allow our tired and over-civilized spirits to regenerate, to be reborn. Protected by distance from the market tide, they bring us back to our roots and help us to escape the intensity of modern life. Far from the package tours and general commerce, we rediscover the true, open sincerity of man, the love, the poetry, the reflection and all that nature can bring us and teach us.

Lingering over a summit in this intensely natural country and contemplating the sunset is an unforgettable experience which helps put life into perspective. The sparseness of human and animal life leaves you open to the welcome invasion of silence, awakening the senses and spirit and allowing you to breathe. In these infinite spaces, we feel a sense of insignificance within the universe and yet a greater sense of what it is to be a human being. With isolation we find ourselves again and we give life the force to allow that exchange.

Le voyage à pied marque durablement, intimement. Le calme et la simplicité se fraient un passage dans nos pensées. L'intérieur rejoint l'extérieur. On ne se soucie plus de se hâter et de gagner du temps. Même en voiture, l'exiguïté des voies, les successions de dos d'ânes et de cols, la fascination des paysages interdit toute tentative de vitesse. L'étirement du temps devient un art de vivre. On peut marcher entre les pierres brutes et les fleurs sauvages, en respirant l'odeur du sol et des plantes rêches. Se reposer près d'un ruisseau non dompté, en écoutant le chant du merle. Se délecter du bruit des vagues tôt le matin sur les plages de galets. Regarder les nuages bas filer dans le ciel en laissant apprécier les rares portions de ciel bleu. Les lieux sauvages offrent peut-être la vraie liberté, une forme d'immortalité simple et concrètement vécue.

Il nous faut absolument conserver et respecter ces espaces premiers, ces paysages du vide, afin d'y réapprendre une esthétique de vie. Même pour ceux qui les regardent de la route, ils représentent une géographie d'espoir.

Le glen magnifique de Convith s'étend au nord ouest du Loch Ness, tout près d'Inverness, la capitale des Highlands.

Travelling on foot leaves us with durable and intimate impressions. Peace and simplicity blend with our thoughts. The inside joins with the outside. There is no longer any need to hurry and save time. Even by car, narrow roads with successions of horseshoe bends and gradients, together with a fascination for the landscape, thwart any attempt to speed. The prolongation of time becomes an art of living. You can walk between rocks and wild flowers, smelling the scent of the soil and wild plants. You can rest near a wild brook, listening to the song of the blackbird. Enjoy the sound of the waves gliding on pebble beaches in the early morning. Watch low clouds disperse in the sky to allow a rare glimpse of blue sky. Wild spaces offer perhaps true freedom, a form of simple immortality which can be tangibly experienced.

It is absolutely necessary to preserve and respect these primary areas, these vast empty landscapes, in order to rediscover the aesthetics of life. Even for those who look at them from the road, they represent the Earth's natural cradle of hope.

The magnificent glen of Convith extends to the north-west of Loch Ness, near Inverness, the capital of the Highlands.

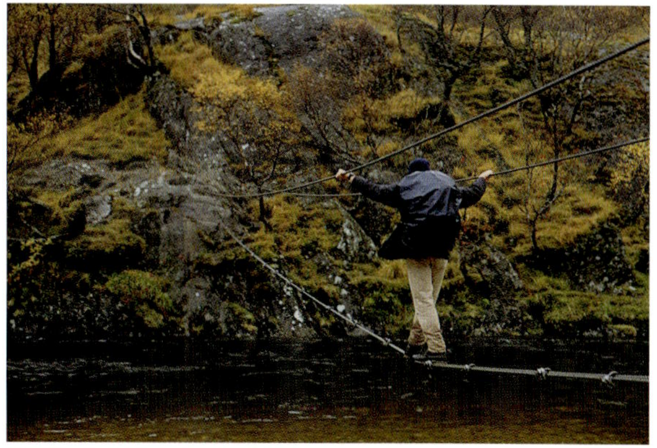

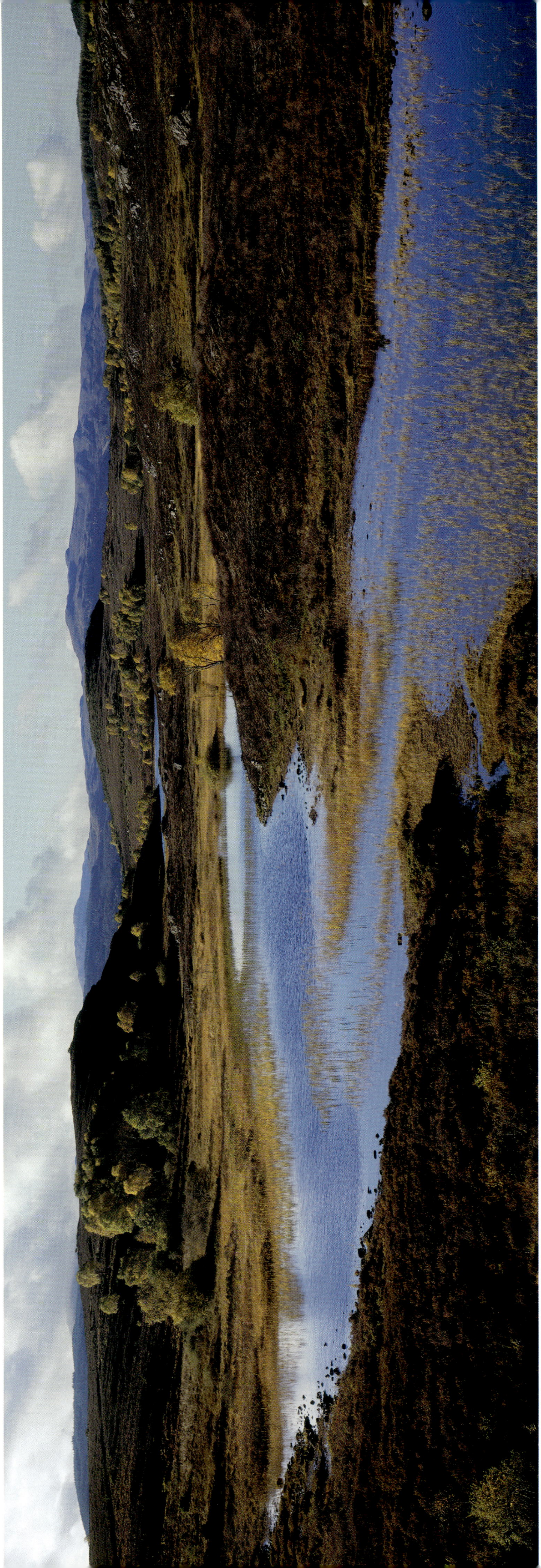

« Les habitants du sud de l'Ecosse, en savent autant sur la condition des montagnes et des îles que sur celle de Bornéo et de Sumatra ; des deux, ils ont entendu peu de choses et imaginent le reste. »

Dr Johnson (1773)

"To the southern inhabitants of Scotland the state of the mountains and the islands is equally unknown with that of Borneo or Sumatra; of both they have only heard a little, and guess the rest."

L'ESPACE ONIRIQUE DES HIGHLANDS

Aujourd'hui, les Highlands ont gardé intactes la beauté naturelle et la puissance émotionnelle des terres d'aventure et de découverte. Il est facile d'accéder aux terres sauvages et éloignées et de faire un retour à la nature dans toute sa splendeur. Ce véritable laboratoire naturel invite à l'exploration et à la compréhension des milieux sauvages essentiels à préserver à une époque où l'environnement est partout menacé.

C'est en ouvrant au hasard un dictionnaire que je suis tombé un après-midi de juillet 1989 sur la photo d'une plage de Durness, tout au nord-ouest de l'Ecosse. Une envie folle me prit de découvrir cette région magique. A 23h57 ce soir-là, je courrai prendre un train de nuit. Quelques 24 heures plus tard, le train filait dans un paysage sans arbre pris dans des tourbillons de brouillard. La solitude produisait une impression de grandeur austère.

Au cœur du district de Badenoch, surnommé « Terre Noyée », dans la haute vallée de la Spey, la distillerie de Dalwhinnie bénéficie d'une eau de montagne parfumée pour fabriquer son whisky. On l'aperçoit du train qui relie Londres à Inverness, capitale des Highlands.

THE DREAMSCAPE OF THE HIGHLANDS

Today, the Highlands keep intact the natural beauty and the emotional power of lands of adventure and discovery. It is easy to reach wild and remote regions and return to nature in all its splendour. This, perhaps the most natural of laboratories, invites us to explore and understand essential nature and protect it from the constant threats of today's world.

When randomly leafing through an encyclopaedia one afternoon in July, 1989, I came across a photo of the beach of Durness, in the far northwest of Scotland. A crazy urge to discover this magic region evolved within me. At 11:57 pm that evening, I ran to take a night train and almost 24 hours later, I was travelling across a treeless landscape in a whirlwind of fog. The solitude created an impression of severe magnitude.

In the heart of the district of Badenoch, nicknamed "the drowned land", the Dalwhinnie distillery, situated high in the Spey Valley, benefits from the delicately perfumed mountain water to make its whisky. The distillery is visible from the train which connects London to Inverness, capital of the Highlands.

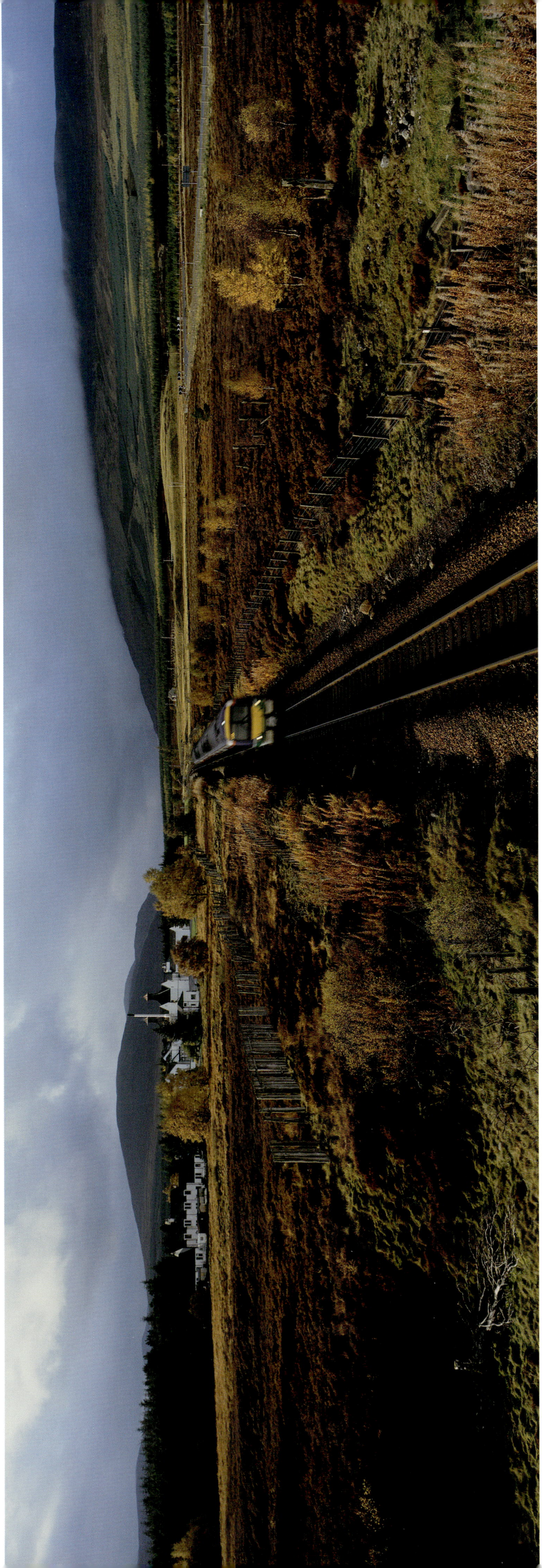

Je suis retourné depuis, presque une fois par an, dans ces terres brunes avec mon sac à dos, à la recherche de défis et de poésie. A chaque fois, je me laissais déposer à un arrêt de train, pour marcher plusieurs semaines dans ces étendues sauvages. Découverte du littoral ouest par tronçons, le long des bords de mer, des collines accidentées et herbeuses. On peut randonner dans les Highlands pendant plusieurs jours sans traverser une route goudronnée, ni rencontrer âme qui vive, juste en utilisant les anciens chemins de troupeaux qui entrecroisent le pays. Délice de patauger dans ces immenses étendues spongieuses, de sentir ses pieds s'enfoncer dans des épaisseurs un peu inquiétantes de mousses, de rebondir sur les touffes plus sèches de la bruyère en tentant d'éviter les trous d'eau dormante.

Puis m'est venue l'envie de faire partager visuellement les émotions et les plaisirs ressentis dans cette nature écossaise. Les photographies présentées dans ce livre jalonnent l'itinéraire qui mène de Glasgow à Durness par la côte ouest. J'y ai mis celles que j'ai saisies à peu de distance de la route, observables sans acquittement de droit d'entrée et accessibles sans être un sportif de haut niveau, comme une invitation à approcher facilement la beauté des lieux que fréquentent au quotidien les écossais.

Le château en ruine de Dunnottar (XIIe siècle) a été construit sur un excellent et spectaculaire site défensif : un rude rocher péninsulaire séparé de la terre ferme par une profonde tranchée et choisi très tôt par les pictes pour en faire une forteresse. Il a été repris aux anglais par William Wallace en 1296. Au temps de Cromwell, les joyaux de la couronne furent gardés à Dunnottar, afin de le soustraire à l'armée républicaine.

I've since returned to these barren lands almost every year with my rucksack, in search of new challenges and poetry. Each time, I would alight at a train station and walk for several weeks in this wilderness, discovering the western coast by sections, along the coastline and over the rugged and grassy hills. It is possible to wander in the Highlands for several days without seeing a metalled road or meeting a living soul, just by following the network of worn animal trails. Such a pleasure it is to splash through the vast expanses of sponge, to feel my feet sinking into slightly disturbing depths of moss and to leap between the drier clumps of heather while avoiding the puddles of sleeping water.

Then the urge came to me to visually share the feelings and pleasures I have experienced amid the nature of Scotland. The photographs presented in this book mark the route which leads from Glasgow to Durness along the west coast. I have included those which I took only a short distance from the road, easily observed without requiring a right of access or a high level of fitness, as an invitation to experience the beauty of the places which the Scots frequent on a daily basis.

The XIIth century castle of Dunnottar (now in ruins) was built on an excellent and spectacular defensive site: a steep peninsular rock separated from the mainland by a deep trench and chosen by the early Picts for their fortress. It was recaptured from the English by William Wallace in 1296 and, at the time of Cromwell, the Crown Jewels were guarded here, to shield them from the republican army.

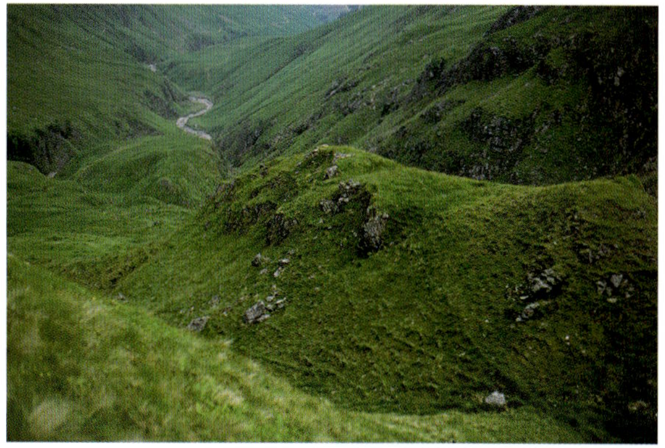

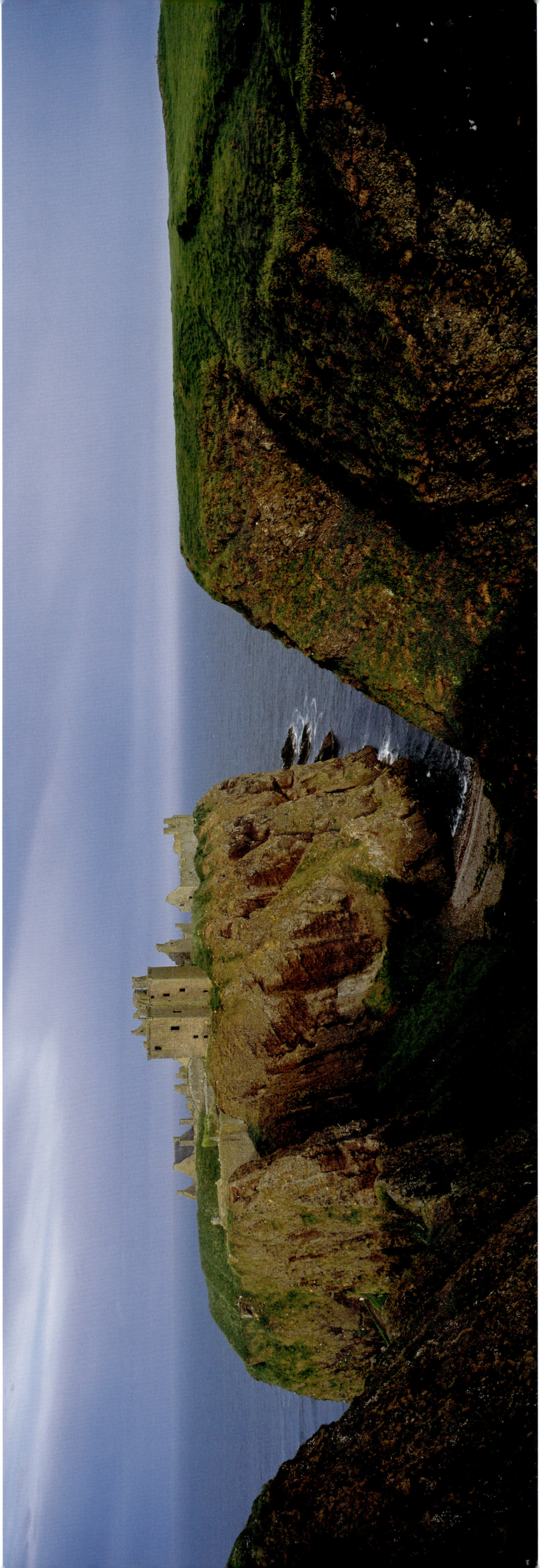

Argyll

Les racines de l'Ecosse | Scotland's Roots

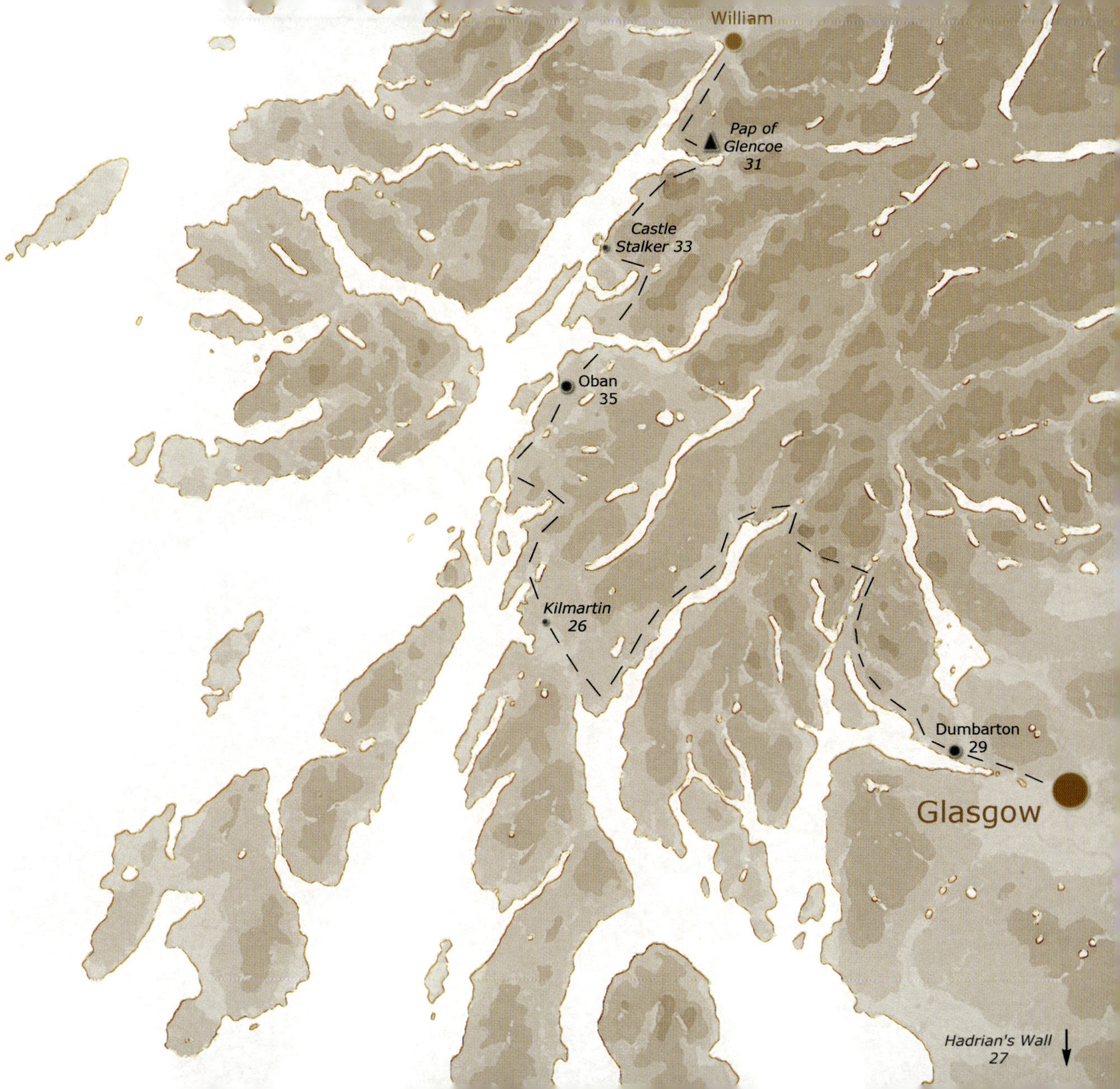

Mon itinéraire commence par la façade sud-ouest des Highlands, baignée par le Gulf Stream, auquel le climat local doit sa douceur et son humidité. Avec son relief montagneux que prolongent de longues péninsules, cette côte recouvre le comté d'Argyll. Son profil extrêmement découpé s'étend sur 250 kilomètres du nord au sud, comptabilisant 4 500 kilomètres de côtes. Au large s'égrènent une centaine d'îles, petites ou vastes, accidentées ou plates.

C'est ici le berceau de l'histoire écossaise. La proximité de ces terres avec celles d'Irlande (18 kilomètres au plus faible éloignement) explique les liens historiques et culturels étroits qui ont existé entre les deux pays depuis la préhistoire.

L'enracinement d'un hêtre est puissant et superficiel et de grosses racines se répartissent dans toutes les directions. Celui-ci a au moins 200 ans.

My route begins along the southwest face of the Highlands, bathed by the Gulf Stream, to which the local climate owes its mildness and humidity. With its mountainous relief extending over long peninsulas, this coast covers the county of Argyll. Its extremely jagged profile extends over 250 kilometres from north to south, accounting for 4,500 kilometres of coastline. Offshore are hundreds of islands, some small, others vast, some uneven, others flat.

It is here that Scottish history was born. The proximity of these lands with Ireland (18 kilometres at the narrowest point) explains the close historic and cultural links which exist between these countries since prehistory.

The root structure of a beech is powerful yet superficial and big roots branch out in all directions. This one is at least 200 years old.

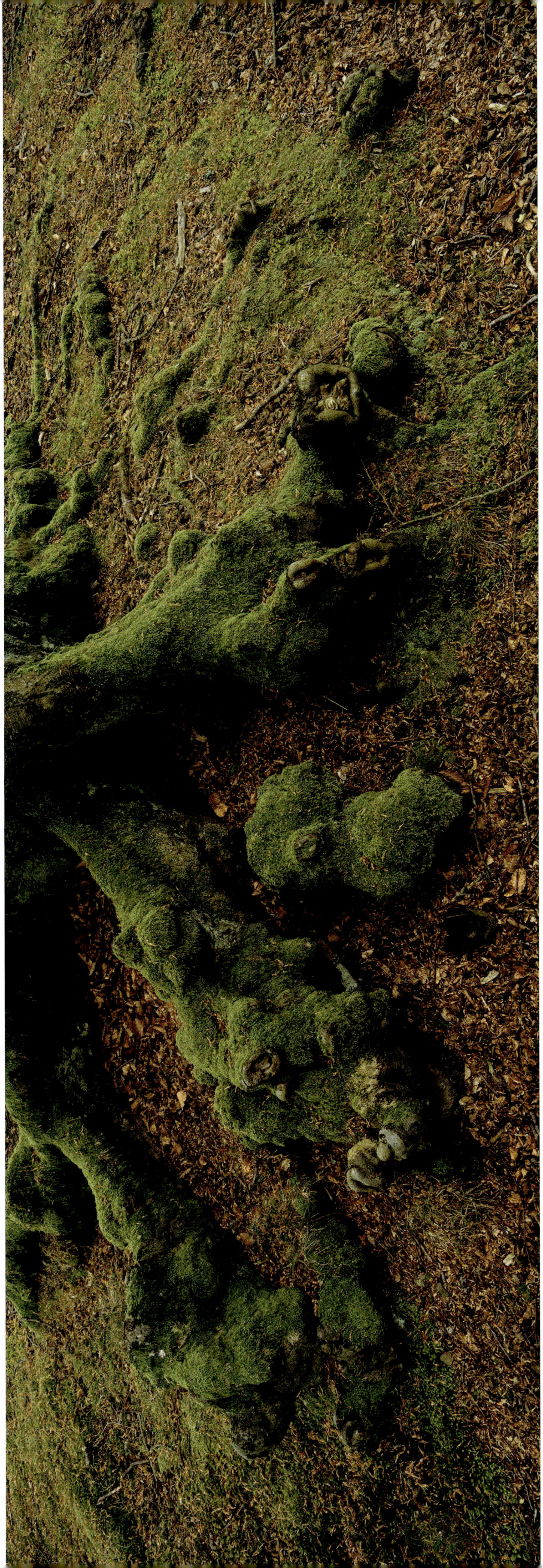

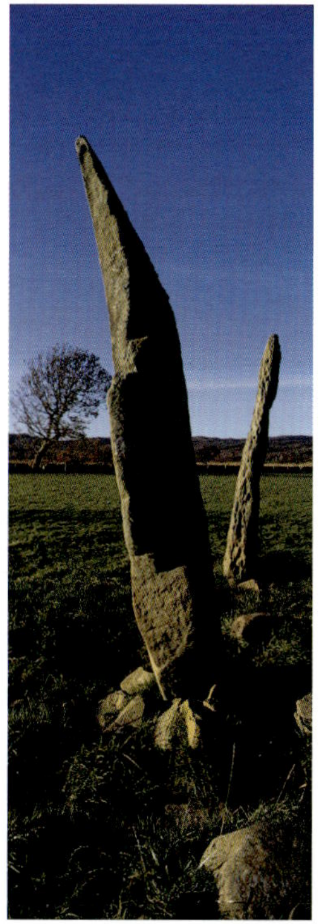

Kilmartin

LA MURAILLE DE CHINE DES ROMAINS

En 1981, J-J. Annaud exploite la nature vierge des Highlands pour évoquer les débuts de l'humanité dans « La Guerre du Feu ». Les premiers habitants de l'Ecosse, des chasseurs-cueilleurs, ont dû venir à « pied sec » pendant la dernière glaciation, il y a peut-être 9 000 ans, alors que la Manche n'existait pas.

Vers 3 000 avant notre ère arrivent à leur tour les peuples de la nouvelle pierre (néolithique), obsédés par la mort et la survie. La pierre, symbole de solidité et du sol natal, assure à celui qui la touche une sorte de lien magique avec la terre mère. Leurs premières gravures sur des supports rocheux, pierres dressées ou tombeaux construits pour leurs chefs, préfigurent l'art. Sur la côte ouest, la vallée de Kilmartin regroupe 150 sites préhistoriques dans un rayon d'une dizaine de kilomètres.

Puis, au Ier millénaire avant notre ère, des éleveurs de bétail celtes d'origine indo-européenne débarquent amenant le fer avec eux. En ces temps-là, les pictes (« peuple peint ») férus de symboles, rôdent aussi dans les environs.

Au Ier siècle de notre ère, la progression des romains se heurte aux tribus farouches d'Ecosse, et s'arrête au pied des Highlands. Ils donnent au pays son premier nom : Calédonie « les monts aux grandes forêts ». L'empereur romain Hadrien édifie en 122, au sud de la Calédonie, un mur de 118 kilomètres de long, courant d'une mer à l'autre. Il permet de contenir les « barbares » qui menacent tant bien que mal la « pax romana » jusqu'en 364.

Le Mur d'Hadrien est une merveille architecturale du monde antique qui consacre pour la première fois la différence fondamentale qui existe entre les deux parties de l'île britannique.

THE ROMANS' WALL OF CHINA

In 1981, J-J. Annaud exploited the virgin nature of the Highlands to evoke the origins of humanity in the "Quest for Fire". The first inhabitants of Scotland, the hunter-gatherers must have ventured across dry land during the last glacial period, perhaps 9,000 years ago, before the English Channel existed.

Towards 3,000 BC the people of the new stone (neolithic) age arrive in turn, obsessed by death and survival. Stone, symbol of solidity and native ground, reassures those who touch it as a type of magic link with mother earth. The first stone carvings, whether for standing stones or graves built by this people for their leaders, predate art. On the west coast, the valley of Kilmartin counts 150 prehistoric sites over a radius of 10 kilometres.

Then, in the Ist millennium BC, Celtic cattle breeders (of Indo-European origin) appear, bringing iron with them. Also roaming the area at this time are the Picts ("painted people"), keen users of symbols.

In the first century AD, Roman progress collides with these wild tribes of Scotland and stops at the foot of the Highlands. The Roman visitors give the country its first name: Caledonia "large forested mountains". In 122, the Roman emperor Hadrian, builds a wall of 118 kilometres from coast to coast across Southern Caledonia. In doing so he contains the "barbarians" who threatened "Roman peace" until 364.

Hadrian's Wall is an architectural wonder of the ancient world and the first to recognise the fundamental differences which still exist between the two sides of the British mainland.

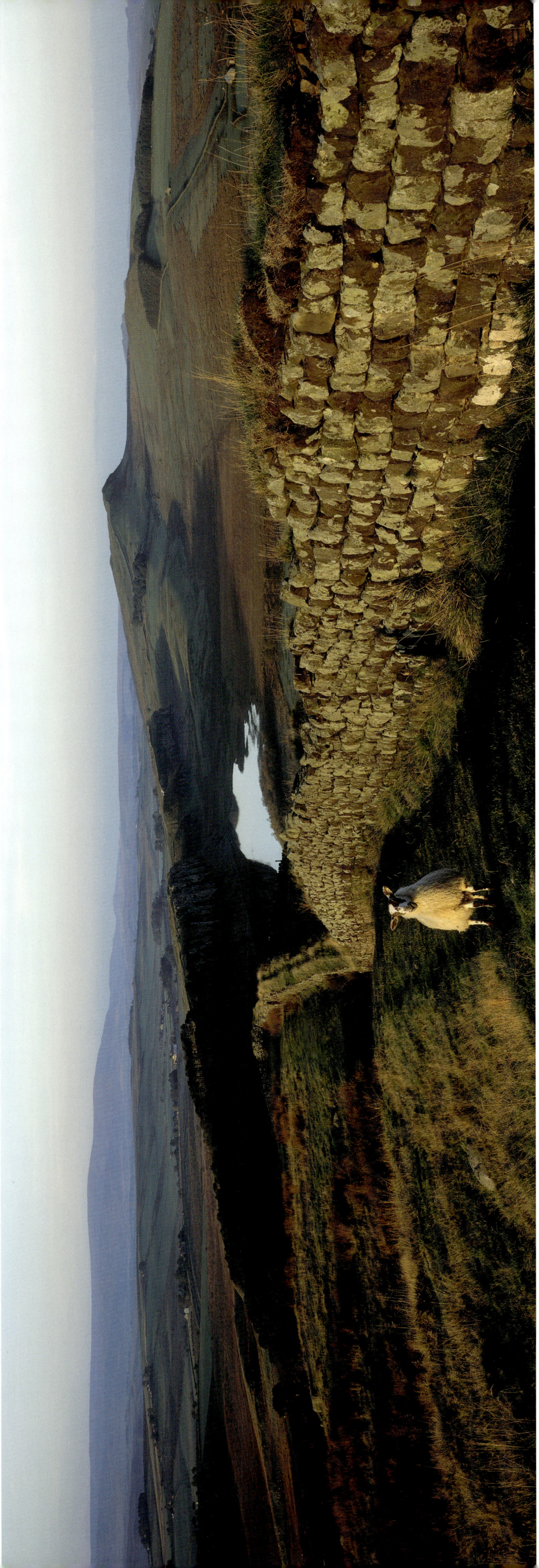

LA FORTERESSE DES BRETONS

En 440, les romains laissent la place à d'autres conquérants ayant traversé la mer du Nord : les angles (germains). Leur avancée sépare les bretons insulaires (celtes romanisés) en plusieurs groupes, gallois, corniques... dont celui au nord du mur d'Hadrien. La capitale de cette chefferie est Dumbarton, « Dun breton », qui signifie littéralement la forteresse des bretons. Elle est située sur un promontoire haut de 80 mètres (les restes d'un volcan) qui surplombe l'estuaire de la Clyde, un peu comme le rocher de Gibraltar.

Profitant de ces affrontements, une tribu celte venue d'Irlande donne son nom à la région picte où elle débarque, Argyll, la côte des gaëls, et finit par fonder le royaume scot de Dalriada en 498. C'est aussi d'Irlande que vient le christianisme, au VIe siècle, quand Saint Colomba fonde une abbaye sur l'île d'Iona avant d'évangéliser les quatre peuples qui se partagent alors le territoire écossais : les pictes, les scots, les bretons, et les angles.

C'est à Dumbarton, dit-on, que naquit l'enfant qui, enlevé par les pirates irlandais, allait devenir le saint patron de l'Irlande : St Patrick (389-461).

THE BRITONS' FORTRESS

In 440, the Romans leave the way open for other conquerors crossing the North Sea: the Germanic tribe of Angles. Their advance separates the Britons (Romanized Celts) into several groups such as Welsh and Cornish and those north of Hadrian's Wall. The capital of this chieftainship is Dumbarton, "Dun Briton", which literally means the fortress of the Britons. It is situated on an 80 metre-high volcanic plug which dominates the estuary of the Clyde, similar to the rock of Gibraltar.

Taking advantage of these confrontations, an Irish Celtic tribe proceeds to give its name (Argyll) to the pict region where it landed on the Gaelic coast and, from there, goes on to found the Scottish realm of Dalriada in 498. Christianity also issues from Ireland in the VIth century when Saint Colomba founds an abbey on the island of Iona before evangelizing the four peoples who occupy the Scottish territory: Picts, Scots, Britons, and Angles.

It is at Dumbarton, so it is said, that the child was born who, kidnapped by Irish pirates, would later become patron saint of Ireland: St. Patrick (389-461).

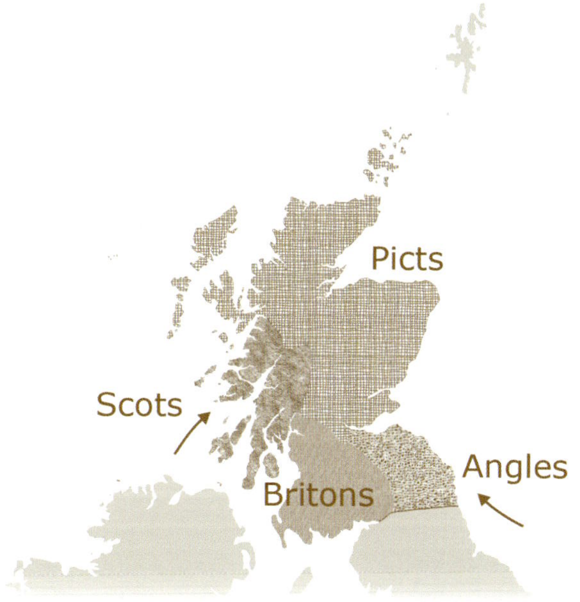

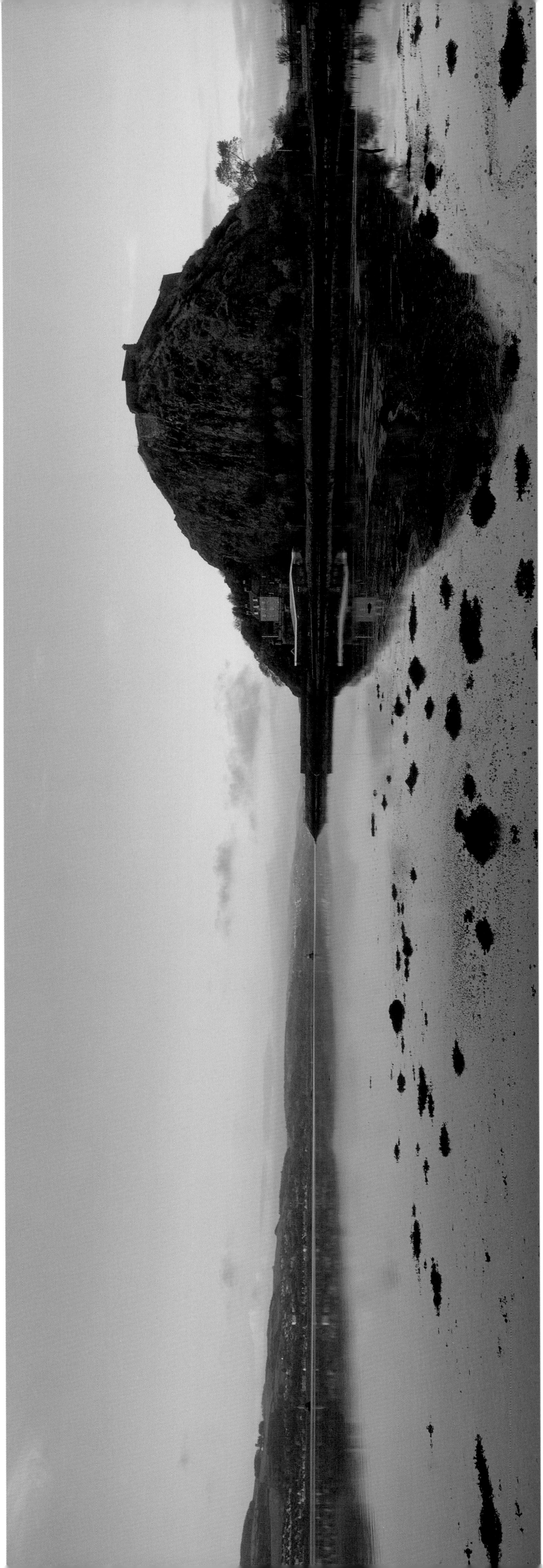

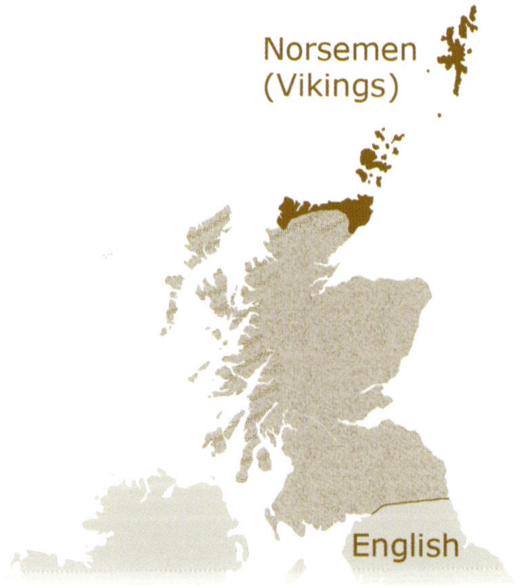

LE « LONG BATEAU » DES « GUERRIERS DE LA MER »

Ce n'est que vers le VIIIe siècle que l'on entend parler de nouveaux envahisseurs païens, les « voyageurs de l'été » (vikings), taciturnes et sévères, venus de Norvège sur leurs bateaux invincibles, les « drakkars ». Confrontés à des problèmes de surpopulation dans leur pays et persécutés par l'empereur Charlemagne, ils organisent quelques expéditions de pure razzia, avant de s'installer à demeure, d'abord dans les îles, puis sur la terre ferme au nord. Selon la légende, ce sont des Vikings qui ont fait du chardon l'emblème de l'Ecosse en 970 ! Attaquant de nuit un village écossais, ils crient de douleur au contact de chardons en traversant un champ, et réveillent les villageois qui leur infligent une défaite. La bataille est ainsi gagnée grâce au chardon... De nos jours, des résonances de norrois (langue viking) peuvent encore s'entendre dans des milliers de noms d'îles et de lieux.

Cette menace sur la côte ouest de l'Ecosse précipite l'union des pictes et des scots en une seule entité « politique », nommée Alba (le pays des collines blanches) et le scot Kenneth McAlpin devient en 843 roi des deux peuples. Les scots réussissent finalement à s'imposer, car la dynastie va étendre sa domination au Xe siècle vers le sud-est puis au siècle suivant vers le sud-ouest. En 1018, pour la première fois, l'Ecosse est un royaume unifié, Terre des scots (Scotia).

Cette réplique d'un drakkar sur le Loch Leven, où se reflète le « téton » de Glencoe, rappelle l'invasion des vikings sur la côte ouest de l'Ecosse.

THE "LONG BOAT" OF THE "SEA WARRIORS"

It is only around the VIIIth century that we hear of new heathen invaders, the "summer travellers" (Vikings), taciturn and austere, coming from Norway on their invincible "drakkar" longships. Confronted with problems of overpopulation in their home country and persecuted by the emperor Charlemagne, they organize raiding expeditions, before settling down permanently, at first on the islands, then on the mainland in the north. According to legend, it is the Vikings who made the thistle the emblem of Scotland in 970! Attacking a Scottish village at night, they shouted with pain on contact with the thistles while crossing a field, and woke the villagers who inflicted their defeat. The battle was so won thanks to the thistle ... Nowadays, echoes of the Old Norse language can still be identified in thousands of island and place names.

The threat on the west coast of Scotland encourages the union of Picts and Scots into a single "political" entity, named Alba (the country of the white hills). The Scot, Kenneth McAlpin becomes king of both peoples in 843. The Scots eventually dominate and the dominion of their dynasty widens in the Xth century, first towards the southeast then, in the following century, towards the southwest. In 1018, Scotland becomes a unified realm for the first time. They call it Scotia "Land of Scots".

This replica of a drakkar longship on Loch Leven, where the "nipple" of Glencoe is reflected, is a reminder of the invasion of the Vikings on the west coast of Scotland.

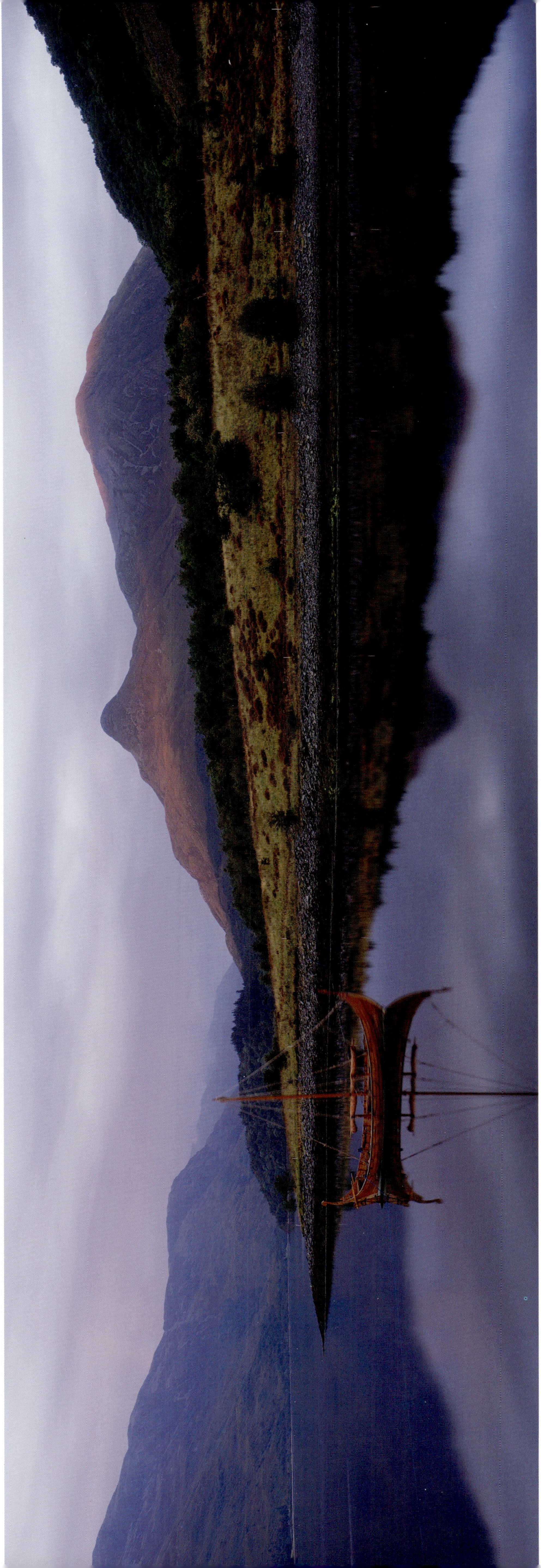

COMMENT L'ÉCOSSE FUT ENFIN VAINCUE...

Au XIe siècle, les écossais restent sans cesse mobilisés pour la défense de leur territoire contre les anglais et font fréquemment appel à la Vieille Alliance française contre Londres, qui sera renouvelée souvent par la suite (voir note page 34). En 1296, le roi d'Angleterre envahit l'Ecosse mais il rencontre une vive résistance organisée par William Wallace, surnommé Braveheart, puis par Robert Bruce qui défait les anglais en 1314, conduisant à la reconnaissance par l'Angleterre de l'indépendance de l'Ecosse.

Les mariages et les liens familiaux finissent par réunir les deux couronnes d'Angleterre et d'Ecosse en 1603. Un roi d'Ecosse devient roi d'Angleterre. Le XVIIe siècle est marqué par des conflits religieux suite à la réforme protestante, une domination anglaise et une répression menée par Cromwell. Avec la fondation du Royaume Uni, l'Ecosse perd son parlement en 1707.

Mais le maintien des traditions indépendantistes, du brigandage et de l'autonomie des chefs de clans (surtout de la part des montagnards, comme celui de Rob Roy) entraîne deux soulèvements en 1715 et 1745, le dernier se soldant par la terrible défaite de Culloden. Cela incite les anglais à pacifier toute l'Ecosse : des routes sont tracées et des ponts construits pour faciliter les déplacements des troupes ; toute la vie culturelle des Hautes-Terres est proscrite (armes, habits, langue, whisky, cornemuse...).

La tour carrée de Castle Stalker (1446) perchée sur une île minuscule juste au large des rives du Loch Laich, est l'un des plus beaux châteaux d'Ecosse, de par son site, son isolement, et sa simplicité.

HOW SCOTLAND WAS FINALLY OVERCOME

During the XIth century, The Scots continue ceaselessly in the defense of their territory against the English. They regularly appeal to the old French alliance against England, which was to be frequently renewed (see note page 34). In 1296, The King of England invades Scotland but meets with strong resistance, first against William Wallace, nicknamed Braveheart, then against Robert Bruce who finally defeats the English in 1314, leading to the recognition of Scottish independence by England.

Marriage and family ties eventually reunite both crowns of England and Scotland in 1603, the King of Scotland becoming the king of England. The XVIIth century is marked by religious conflict as a result of Protestant reform, an English domination and a repression led by Cromwell. With the foundation of the United Kingdom, Scotland loses its parliament in 1707.

The perseverance of nationalist traditions, banditry and clan chief autonomy (especially by the highlanders, such as Rob Roy) results in two uprisings in 1715 and 1745, the latter ending in the terrible defeat of Culloden. This incites the English to pacify Scotland, with roads and bridges being built to facilitate the movement of troops. Furthermore, the Highlands are stripped of their culture and identity with the prohibition of weaponry, highland dress, gaelic, whisky distilling and bagpipes.

The square tower of Castle Stalker (1446) perched on a tiny island just off the banks of Loch Laich, is one of the most beautiful castles in Scotland, due to its location, its isolation, and its simplicity.

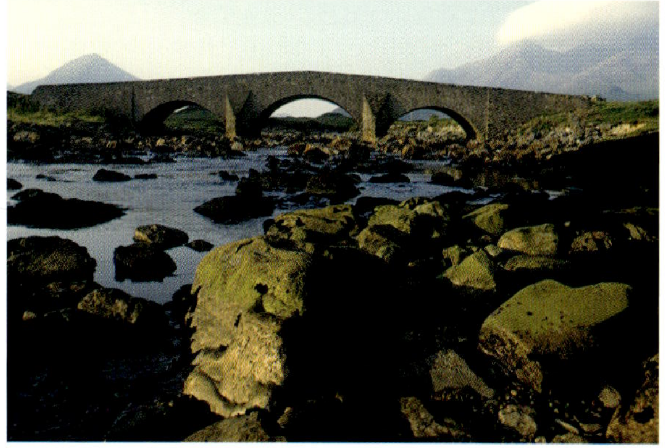

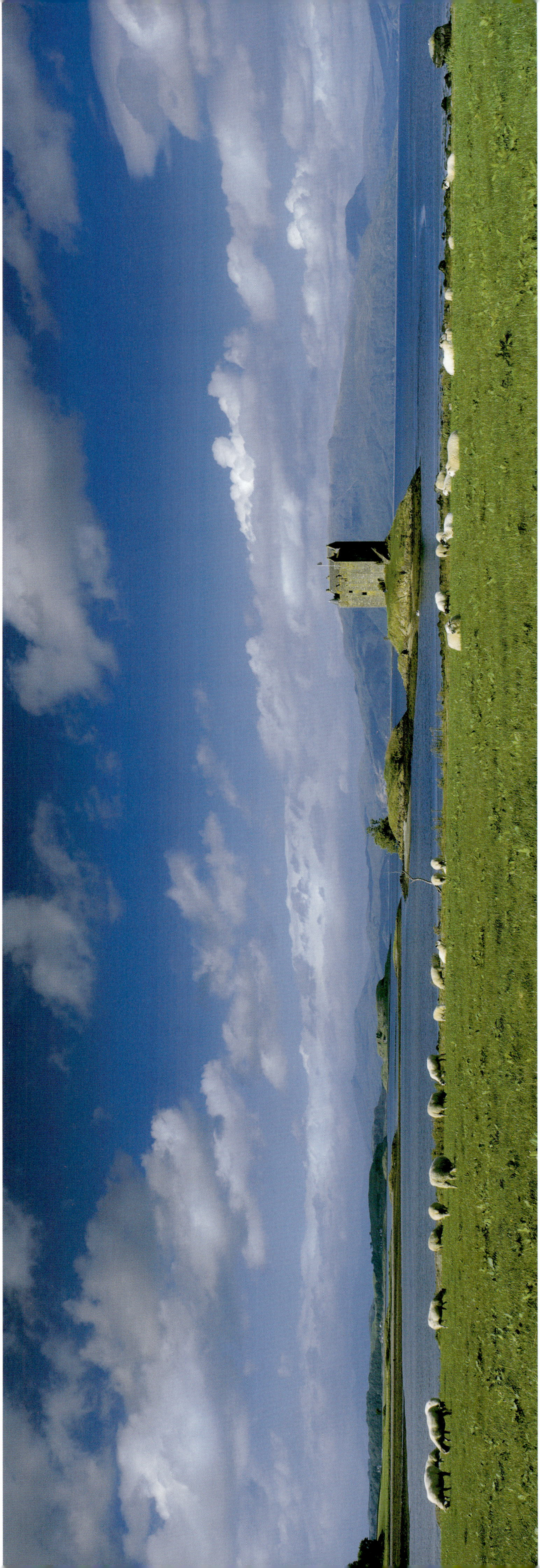

La présence de nombreux mots français dans la langue écossaise nous rappelle que pendant des siècles, les écossais et les français ont vécu en étroite symbiose. Au XVIe siècle, ils avaient le même passeport et l'écossais évoque toujours la Vieille Alliance, dont le français n'a bien souvent jamais entendu parler. L'Auld Alliance, le plus vieux traité européen selon le général de Gaulle, fut en effet conclu en 1295 entre les deux pays ; toutefois, l'association remonte vraisemblablement à Charlemagne. Si celle-ci a pris fin il y a quatre siècles, les échanges intellectuels et artistiques se sont développés depuis.

Auld Alliance

The presence of numerous French words in the Scottish language reminds us that for centuries, Scotsmen and Frenchmen lived in symbiosis. In the XVIth century, they had the same passport and the Scot always evokes the Auld Alliance, which the French has very often heard nothing about. The Auld Alliance, the oldest European treaty according to General de Gaulle, was indeed officially concluded between both countries in 1295; however, the association dates back credibly to Charlemagne. Although this came to an end four centuries ago, intellectual and artistic exchanges have since continued.

VERS LA RECONQUÊTE DE SON IDENTITÉ

Oban, dont la baie est protégée des vents de l'Atlantique par l'île de Kerrera, et plus loin par celle de Mull, est l'un des ports de pêche de style victorien qui se développe au XIXe siècle avec l'arrivée des bateaux à vapeur et du train. Le développement industriel commencé à la fin du XVIIIe siècle (textile, métallurgie, chantiers navals) permet l'épanouissement de la vie intellectuelle... mais a des répercutions sociales très fortes : des milliers d'écossais se retrouvent démunis et affluent dans les grandes villes ou émigrent en Amérique du Nord, en Australie et en Nouvelle-Zélande.

L'évolution économique est très contrastée au XXe siècle : après un essor lié aux 2 guerres mondiales, entrecoupé de la crise économique dramatique des années 20-30, on note une reprise récente grâce au commerce, au tourisme et surtout au pétrole des mers du Nord. Depuis 1970, l'Ecosse, traditionnellement largement « à gauche », oppose à l'Angleterre une résistance culturelle toujours plus forte (folklorique, vestimentaire, alimentaire, musicale...) et le nationalisme connaît un succès croissant au point qu'en 1998, le referendum du Parlement d'Edinburgh recueille une majorité écrasante de suffrages favorables, amenant l'année suivante à son rétablissement.

La cité d'Oban est une porte ouverte sur les îles – celles de proximité et les Hébrides plus lointaines. Jules Verne, déjà, dans son « Rayon Vert » en avait fait le lieu de rendez-vous de ses chasseurs de soleil du nord.

THE QUEST TO RETRIEVE ITS IDENTITY

Oban, whose bay is protected from the winds of the Atlantic Ocean by the Isle of Kerrera, and further afield by the Isle of Mull, is one of the Victorian style fishing ports to develop in the XIXth century with the arrival of steamers and trains. The industrial development begins at the end of the XVIIIth century (textiles, metals, shipyards) allowing intellectual life to blossom. However this is to have very strong social repercussions with thousands of deprived Scotsmen streaming into the big cities or emigrating to North America, Australia and New Zealand.

The evolution of the economy is very varied in the XXth century: after rapid development resulting from 2 world wars, although interrupted by the dramatic economic crisis of the 1920s and 30s, we note a recent revival thanks to business, tourism and especially to North Sea oil. Since 1970, Scotland, traditionally "left-wing", has put up a stronger cultural resistance to England (traditions, clothing, food, music) and there is increasing patriotism to the point that in 1998, the referendum for a Scottish Parliament is carried with an outstanding majority, resulting in its restoration the following year.

The town of Oban is a gateway to the islands - both those nearby and the more distant Outer Hebrides. Jules Verne, already, in his "Green Ray" had made this the rendez-vous of his hunters of the northern sun.

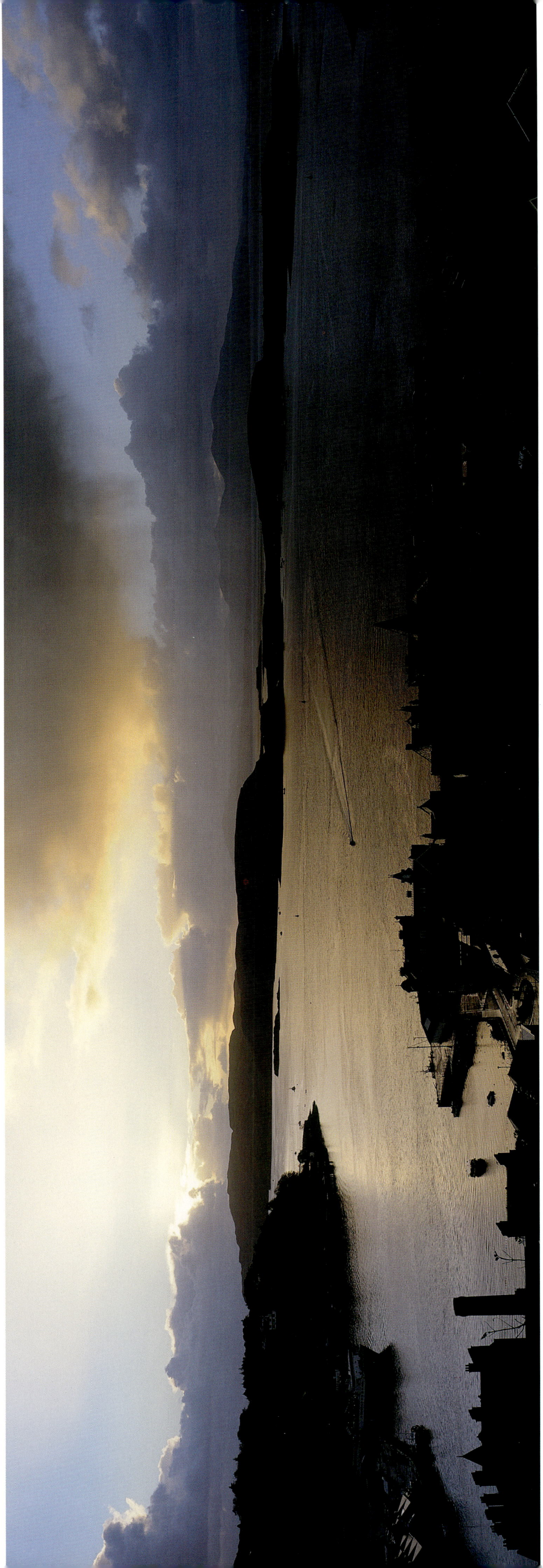

Lomond

Au pays « hors-la-loi » | "outlaw" territory

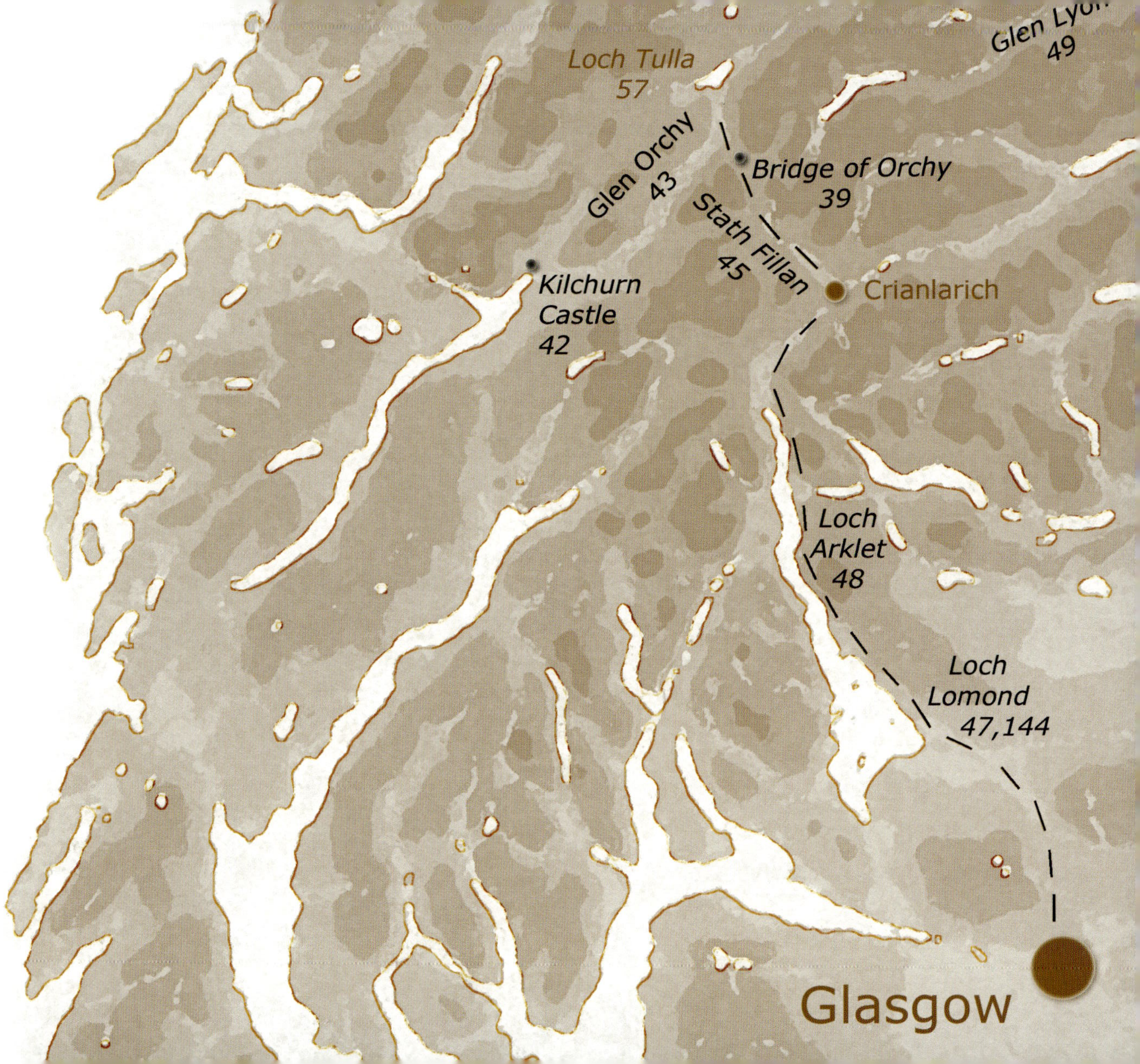

Le chemin de fer des Highlands de l'ouest, serpentant à Bridge of Orchy, est un des paysages les plus stupéfiants que le rail écossais puisse offrir à ses passagers. Les pentes très raides du Mont Dorain ont imposé une prouesse technique lors de sa construction : décrire de grandes courbes pour suivre les pieds des monts.

Le West Highland Way suit également ce tracé. Ce sentier de randonnée pédestre s'étend de la banlieue de Glasgow jusqu'à Fort William, au pied du Ben Nevis, quelques 150 kilomètres plus au nord. Empruntant d'anciennes routes militaires et voies ferrées désaffectées, il longe le Loch Lomond avant de s'élever dans les Highlands.

Ce pays rude, broussailleux et imbibé d'eau offrait autrefois un refuge aux rebelles et aux brigands. En le parcourant, on se sent transporté trois siècles en arrière, aux temps agités des luttes claniques et de l'insurrection contre les anglais, à une époque où l'on risquait de finir pendu ou écartelé pour la moindre maladresse.

La silhouette conique, aux pentes douces, de Beinn Dorain apparaît aux randonneurs se rapprochant de Bridge of Orchy, passé Tyndrum.

The West Highland railway which, winds its way to the Bridge of Orchy, offers its passengers some of the most stunning landscapes to be witnessed by rail. The very steep hillsides of Mount Dorain provided a technical challenge during its construction: to create large curves contouring the foot of the mountains.

The West Highland Way also follows this route. This pedestrian hiking trail extends from the suburbs of Glasgow to Fort William at the foot of Ben Nevis, some 150 kilometres to the north. Employing former military roads and disused railroads, it hugs the banks of Loch Lomond before rising into the Highlands.

This wild country, misty and damp, formerly offered a refuge to rebels and bandits. Traversing it, we feel transported three centuries back in time, to the restless era of clan conflicts and the uprising against the English; a time when you risked ending your life hung, drawn and quartered for the slightest misdemeanour.

The conical, gently sloping silhouette of Benn Dorain appears to walkers who have crossed Tyndrum as they approach the Bridge of Orchy.

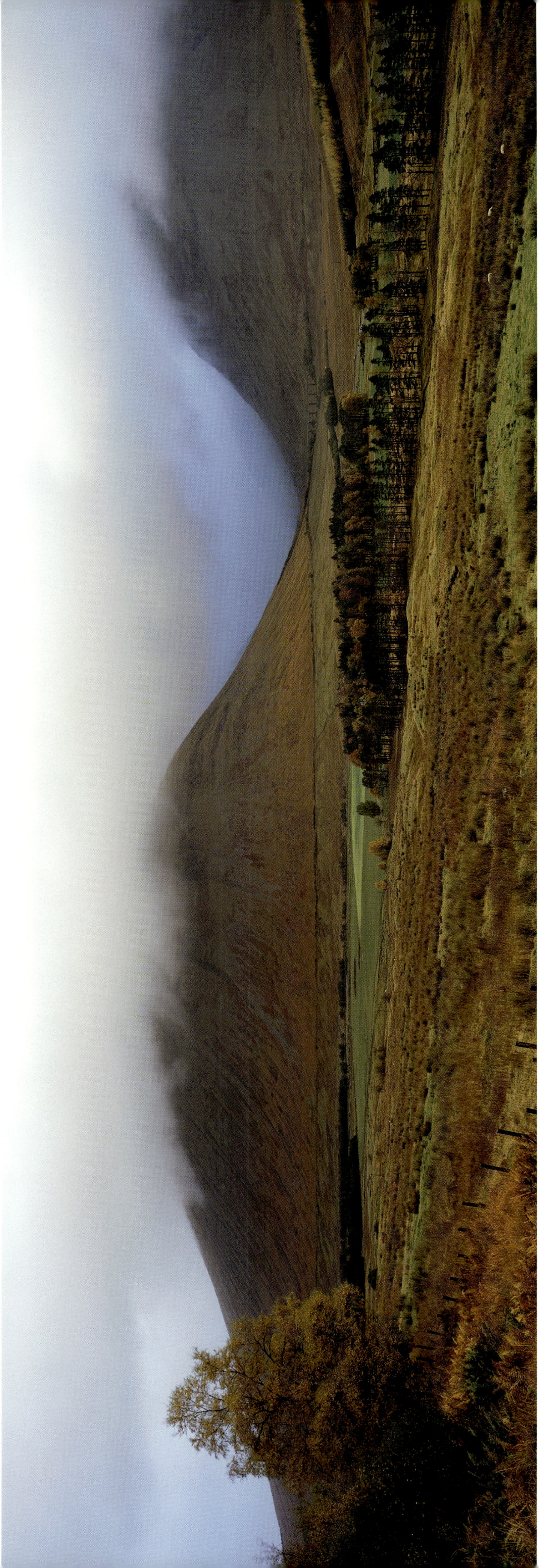

LACS ET RIVIÈRES

Plus de 30 000 grands lacs et petits étangs d'eau douce ou salée et environ 5 000 cours d'eau de toutes tailles émaillent le territoire écossais. Dans les grandes vallées glaciaires, les rivières se jettent dans des lacs d'eau douce tout en longueur. Ailleurs, les collines abritent une multitude de petits lacs aux contours imprévisibles. La côte ouest est célèbre pour ses lochs maritimes qui se distinguent des lacs par le roc laissé à nu entre les marées. Les entrailles profondes de ces fjords écossais s'infiltrent loin à l'intérieur des terres et permettent à des cétacés de s'y aventurer.

Des loutres aux hérons cendrés, des dauphins aux oies qui hibernent, les eaux écossaises abritent une faune riche et variée.

Seules les innombrables mares superficielles des tourbières, généralement trop acides, ne regorgent pas de truites sauvages et de saumons atlantiques.

En coulant sur la terre tourbeuse et sur les roches, l'eau se charge d'arômes et devient peu à peu huileuse. La boisson des highlanders se réduisait à cette eau tourbeuse provenant du plus proche ruisseau. Mais à partir du XVIe siècle, l'eau-de-vie était distillée par chacun avec sa propre orge maltée.

LAKES AND RIVERS

More than 30,000 big lakes and ponds of fresh or salt water and approximately 5,000 streams of various sizes adorn Scotland. In the big glaciated valleys, rivers flow into long lakes of fresh water while, elsewhere, hills shelter multitudes of small lakes with unpredictable outlines. The west coast is famous for its maritime lochs which distinguish themselves from lakes by the rocky shores left between tides. The deep passages of these Scottish fjords extend far inland and allow cetaceans to venture there.

From otter to grey herons and from dolphins to hibernating geese, Scottish waters shelter a rich and varied fauna.

Generally, the only surface water not to abound in wild trout and Atlantic salmon is that of the numerous the peat bogs, due to their acidity.

By passing through the peaty soil and over rocks, the water is charged with aromas and acquires a slightly oily texture. The Highlanders drinking-water was limited to this peaty water from the closest brook. From the XVIth century, people distilled their water of life ("uisge beatha": whisky) using their own malted barley.

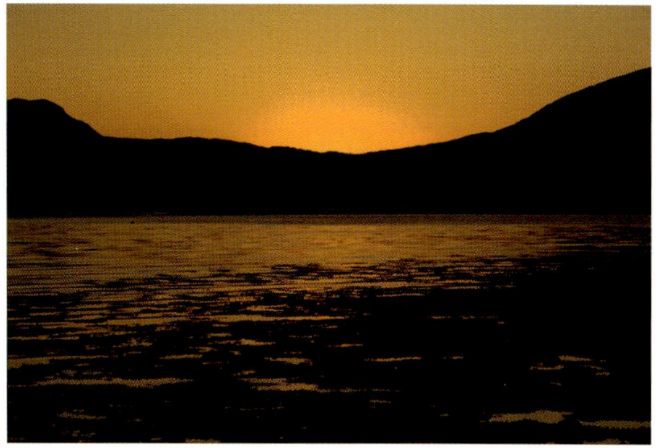

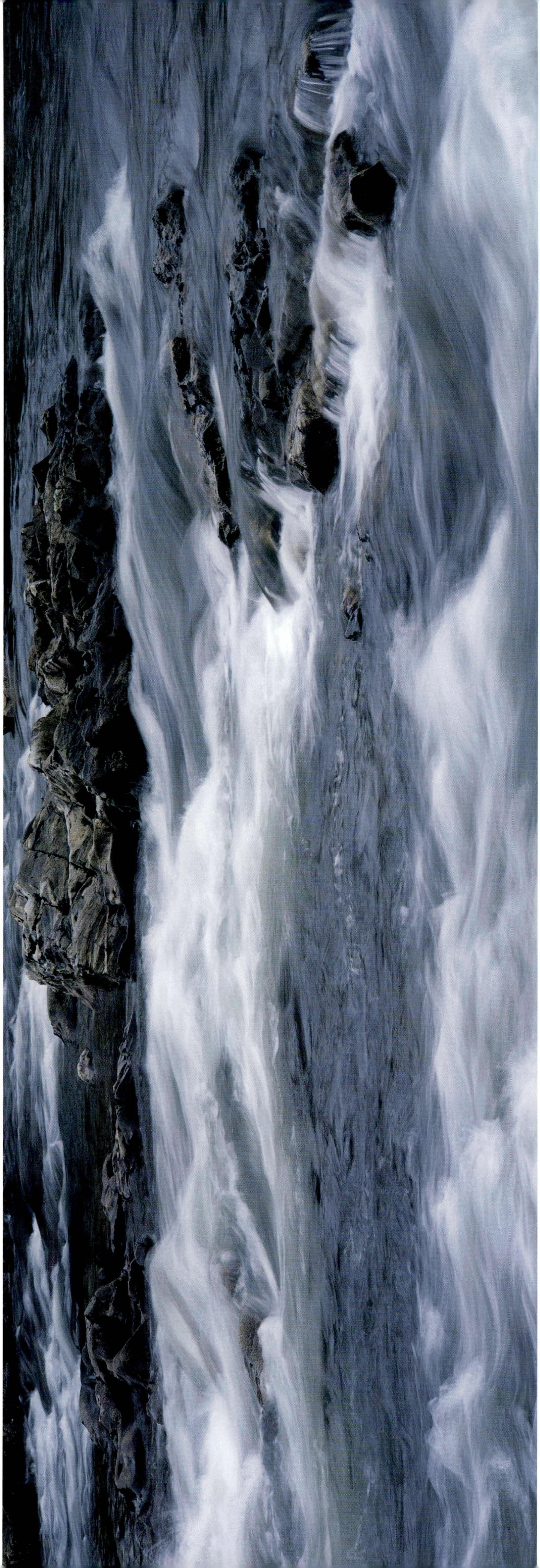

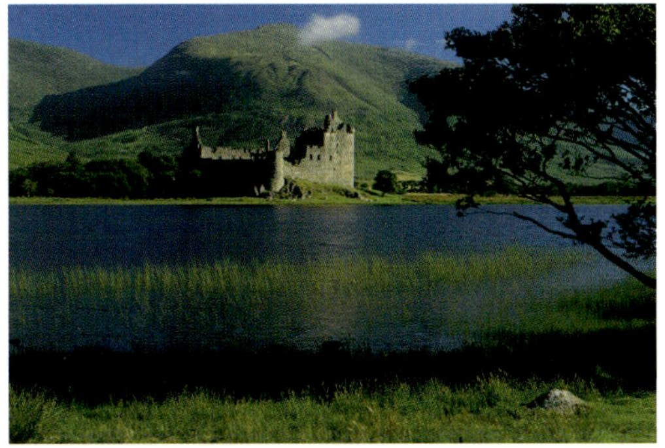

LE SAUMON SAUVAGE

Sur une distance de 20 kilomètres, la rivière Orchy chute à maintes reprises de plusieurs mètres jusqu'au nord du Loch Awe, où se trouve le château fortifié de Kilchurn (XVe siècle), sévèrement endommagé par la foudre en 1769 et abandonné. Une échelle à saumons rudimentaire, creusée dans la pierre, permet aux poissons de remonter le courant pour déposer leurs œufs en amont.

Le saumon atlantique représente une ressource naturelle primordiale. La pêche de saumon sauvage au filet tend à disparaître face à la rentabilité nettement plus élevée de la pêche sportive à la ligne et surtout à la concurrence croissante de la pisciculture qui génère, directement et indirectement, plusieurs milliers d'emplois. Cet élevage industriel s'effectue dans des fermes aquacoles, simples assemblages de cages et de pontons flottants, implantées dans la plupart des lochs maritimes. Mais à l'enlaidissement des lochs s'ajoute une pollution importante par les aliments distribués en excès et les traitements chimiques dispensés aux poissons. Des milliers d'animaux d'élevage s'échappent dans la nature et contaminent les populations sauvages avec leurs maladies et parasites. Les jeunes nés de mélanges entre individus sauvages et d'élevage sont moins résistants. Aujourd'hui, pour un saumon sauvage, il y a 48 saumons d'élevage en Atlantique nord.

Dans les remous de la rivière Orchy, on trouve des vasques (marmites de géants), formées par des galets emprisonnés dans de petites dépressions ou fractures, qui, en tournoyant les usent et les agrandissent comme des foreuses, ceci, à l'échelle de milliers d'années, alors que l'eau coulait sous la glace.

WILD SALMON

Over a distance of 20 kilometres, the river Orchy repeatedly falls several metres until it reaches the northern banks of Loch Awe. This is the site of Kilchurn fortified castle (XVth century) which was severely damaged by lightning in 1769 and abandoned. A rudimentary salmon ladder, dug out of stone, allows fish to swim upstream to lay their eggs.

The Atlantic salmon represent an essential natural resource. The net fishing of wild salmon has almost disappeared faced with the higher profitability of sports fishing, and especially with the increasing competition of fish breeding which generates, directly and indirectly, several thousand jobs. This commercial breeding is carried out in aquatic farms, with simple systems of cages and floating pontoons, set in the maritime lochs. But to the detriment of the lochs, substantial pollution is caused by excess feeding and the pesticides dissolved to protect the fish. Thousands of breeding animals escape to the wild and contaminate the wild population with their diseases and parasites. The young, born from a mixed-parentage of wild and farmed salmon, have a reduced immune system. Today, for each wild salmon there are 48 farmed salmon in the north Atlantic Ocean.

In the eddies of the river Orchy, we find bowls (potholes), formed by pebbles trapped in small depressions or cracks, which, by swirling, wore them away and, like drills, enlarged them; this occured over a period of thousands of years, while the water flowed beneath the ice.

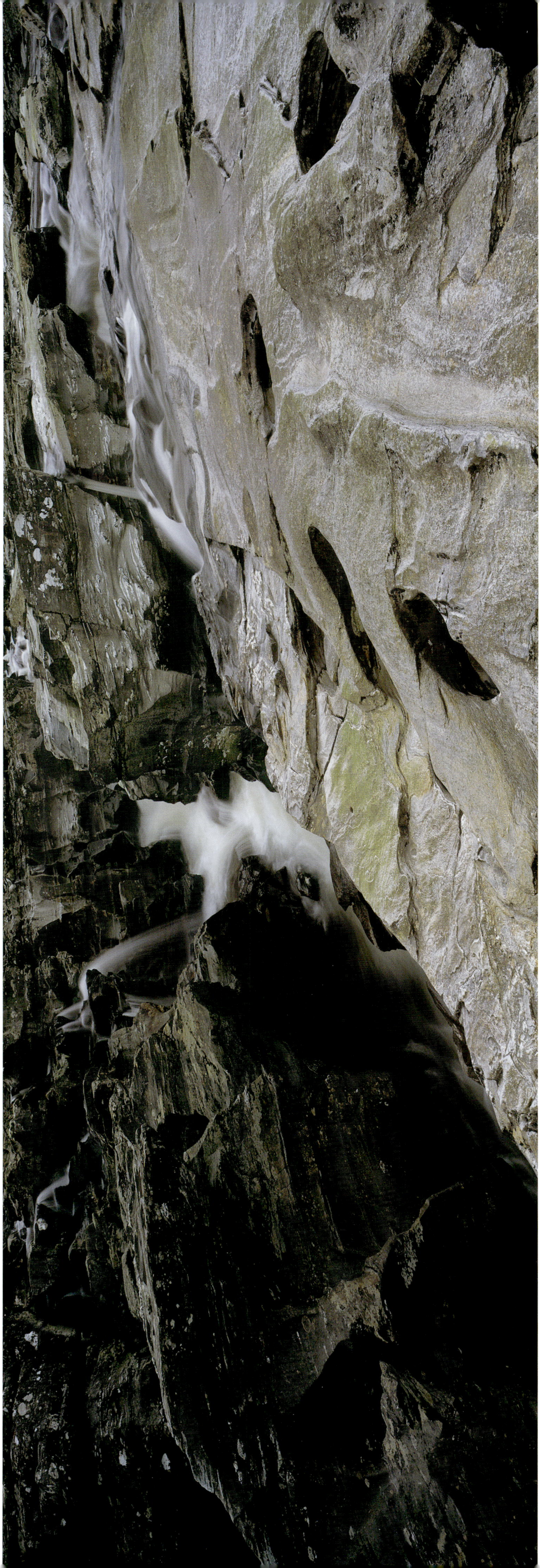

LE SYSTÈME CLANIQUE

La vallée herbeuse de Strath Fillan est entourée par les hautes montagnes de Crianlarich. La West Highland Way fut longtemps empruntée par les montagnards conduisant leur bétail aux marchés des Lowlands. Quelque soit le temps, le highlander avait l'habitude, avant de se coucher, de tremper son plaid dans l'eau du ruisseau. Cela faisait gonfler la laine et, une fois qu'il s'était enroulé dedans, retenait la chaleur. Ce grand morceau de tissu d'à peu près 6 mètres sur 2, enroulé autour de la taille en une ébauche de kilt et rejeté sur l'épaule gauche, leur servait d'unique couverture la nuit et de manteau le jour.

Le particularisme clanique se manifestait dans le port de ce tartan dont les motifs et les teintures étaient obtenus à partir des plantes et des racines locales. En 1707, les highlanders conservaient, pour la plupart, les caractéristiques et le mode de vie qu'ils avaient apportés d'Irlande douze siècles plus tôt. L'unité sociale était le clan : tous ceux qui, habitant une même région, se sentaient liés. Chaque membre du clan était l'égal en droits de l'autre, et le chef restait près du peuple, ne gardait qu'une autorité personnelle, et n'avait aucun droit de propriété.

Entre clans tribaux, les guerres étaient fréquentes. Les hommes d'un clan, toujours prêts à remplir leur fonction militaire, étaient traditionnellement convoqués au moyen de la croix de feu, faite de deux morceaux de bois enflammés et liés grossièrement entre eux par un chiffon trempé dans le sang. Des coureurs se relayaient pour la transporter d'une vallée à l'autre à une allure étonnante.

THE CLAN SYSTEM

The grassy valley of Strath Fillan is surrounded by the high mountains of Crianlarich. The West Highland Way was used for a long time by Highlanders driving their cattle to Lowland markets. Whatever the weather, Highlanders had the habit, before going to bed, of dipping their tartan into the brook. This made the wool swell and, once they were wound inside, it retained their heat. This large piece of fabric of about 6 by 2 metres, rolled up around the waist in a kilt-like fashion and thrown back on the left shoulder, was of use to them not only as a blanket by night but as a coat by day.

The clan sense of identity manifested itself by the wearing of tartan whose motifs and colours were obtained from local plants and roots. In 1707, Highlanders kept, for the most part, the characteristics and the way of life that they had brought from Ireland twelve centuries earlier. The social unit was the clan: all those who lived in the same region felt united. Every member of the clan had equal rights, and the chief, who stayed near the people, had personal authority but no rights to ownership.

Between tribal clans, wars were frequent. The men of a clan, always ready to perform their military duty, were traditionally summoned by means of the cross of fire, made by two fragments of burning wood roughly tied together by a rag dipped in blood. Runners took turns to transport the cross from one valley to another at a surprising speed.

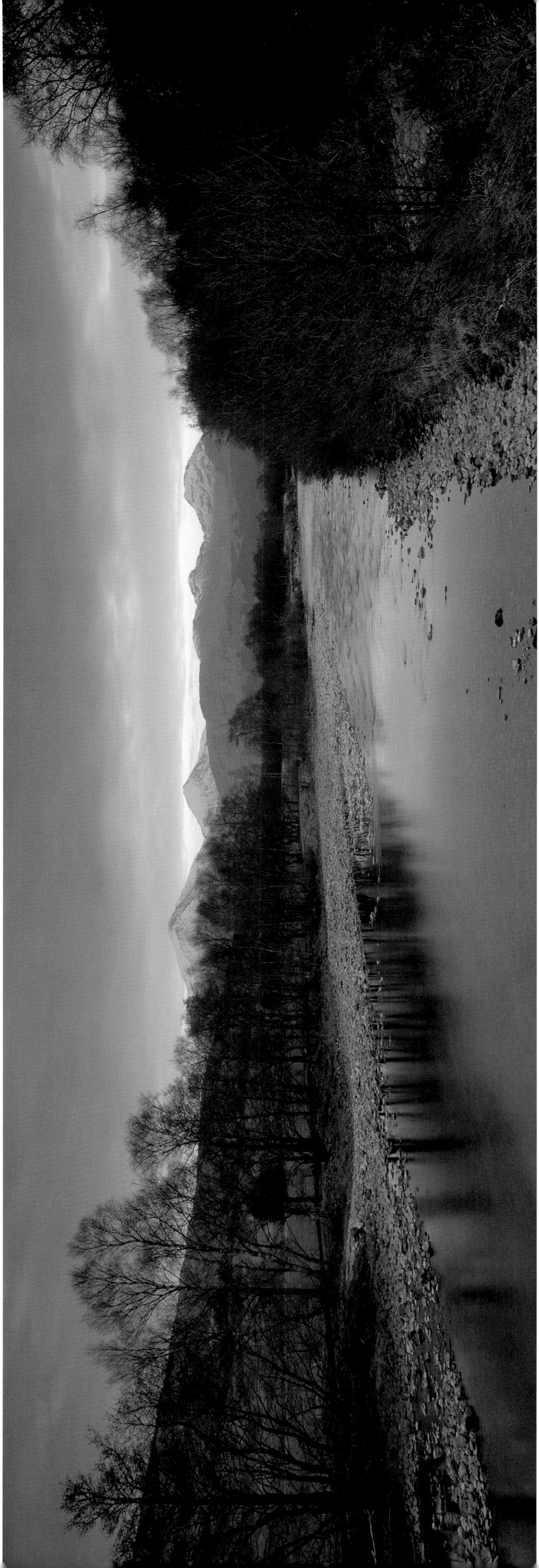

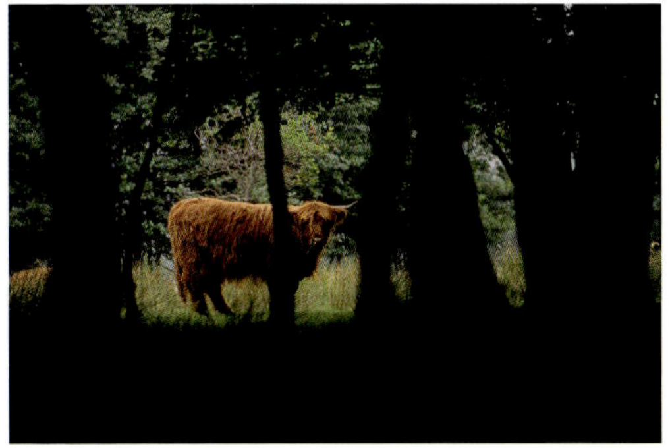

LE TERRITOIRE SACRÉ DES MACGREGOR

Situé à quelques kilomètres au nord de Glasgow, le Loch Lomond s'étire sur plus de 40 kilomètres formant le plus grand réservoir d'eau douce de Grande-Bretagne. Il concentre des restes de la vieille forêt calédonienne sur ses rives et sur sa trentaine d'îles boisées. Sur l'une d'elle (Inchcaillach), se trouvent les ruines d'un couvent et le lieu de sépulture des MacGregor.

La puissance des clans gênait parfois les rois qui, à maintes reprises, tentèrent de réduire leur influence. Ils déboisèrent ces zones frontalières, à la limite entre les Hautes et les Basses Terres, qui offraient un refuge aux fauteurs de troubles. Au XVIIIe siècle encore, qui se risquait vers ces Hautes-Terres boisées et inaccessibles devait, dit-on, faire au préalable son testament. L'économie de ces montagnes stériles reposait alors sur le commerce des bovins noirs hirsutes descendants en droite ligne des aurochs. Moins de la moitié des highlanders avaient l'équivalent d'un emploi rémunéré et les voleurs de bétail n'étaient pas rares. Le clan hors-la-loi le plus connu était celui des MacGregor. Il menait une existence précaire « sur la bruyère » et dans les montagnes au-delà du Loch Lomond, leur nom même étant proscrit. Il se prétendait le descendant de la race aborigène, et leur emblème était une branche de pin.

Les nuages projettent des éclairages inattendus au-dessus de l'immense nappe d'eau du Loch Lomond, révélant, un bref instant, sa beauté latente. Le plus grand des lochs écossais est en plein milieu du premier parc national écossais. C'est le poumon de verdure, le réservoir d'oxygène des habitants de la grande ville de Glasgow.

THE SACRED TERRITORY OF CLAN MACGREGOR

Situated a few kilometres north of Glasgow, Loch Lomond stretches for more than 40 kilometres forming the biggest fresh water reserve in Great Britain. It concentrates the remains of the old Caledonian forest on its banks and on its thirty or so forest-clad islands. On one of these islands, Inchcaillach, can be found the ruins of a convent and the Clan MacGregor graveyard.

The might of the clans was a regular concern for the kings who repeatedly tried to reduce their influence. They deforested the border zones, between the High and the Low Lands, which offered refuge to the troublemakers. Even in the XVIIIth century, it is said that those who ventured towards these woody and inaccessible Highlands had to make their will beforehand. During this period, the economy of these barren mountains was based upon the trade of shaggy-haired, black cattle directly descended from the aurochs. Less than half of the Highlanders had the equivalent of paid employment and the theft of cattle was common. The most notorious outlawed clan was that of MacGregor. They led a precarious existence "on the heath" and, in the mountains beyond Loch Lomond, their name was banned. They claimed themselves as descendants of the native people, and their emblem was a pine branch.

Clouds project unexpected lights over the immense water of Loch Lomond, revealing, for a brief moment, its latent beauty. The largest of the Scottish lochs is situated in the middle of the first Scottish national park. The park is the lung of nature, the reservoir of oxygen for the inhabitants of the city of Glasgow.

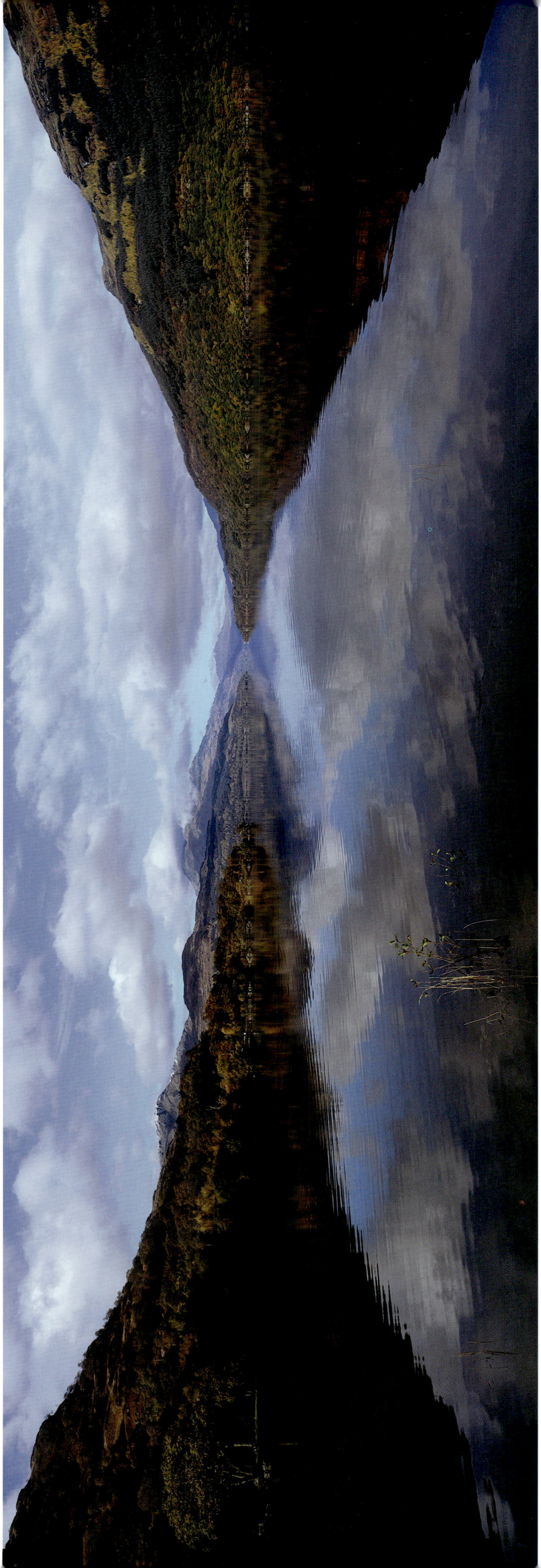

ROB ROY

Glen Lyon est une belle vallée fermée, ce qui lui a épargné de devenir un axe principal dans les siècles passés et lui permet d'être encore méconnue aujourd'hui. Elle forme avec 4 autres vallées (Dochart, Orchy, Strae, et Gyle), l'ancien territoire des MacGregor.

Le plus célèbre d'entre eux fut Robert MacGregor, immortalisé dans un des romans de Walter Scott, et plus récemment par Hollywood. Il avait les bras extrêmement longs et très forts. Debout, il pouvait toucher ses genoux de ses doigts, et immobiliser un cerf en lui tenant les cornes. La couleur de ses cheveux lui valut le surnom de Rob Roy (Robert le Rouge).

Éleveur des environs du Loch Arklet, il utilisait aussi ses talents de pillard pour monnayer sa « protection » auprès des propriétaires de troupeaux du voisinage. Après plusieurs hivers rigoureux, il se vit contraint de piller de riches propriétés des Lowlands pour nourrir son clan. Le duc de Montrose le déclara hors-la-loi en 1712 à la suite d'une dette, fit brûler sa maison et l'expropria de ses terres. Juste retour des choses, il s'installa dans la montagne, vola les troupeaux et attaqua les hommes du duc en redistribuant ce qu'il dérobait. Plusieurs évasions de prison lui valurent une réputation comparable à celle de Robin des Bois. Ces exploits le rendirent populaire jusqu'au jour où il fut capturé (en 1722) et relâché presque aussitôt ! Il passa le reste de sa vie sur ses terres où il est enterré.

En remontant la vallée de Lyon, longue de 55 kilomètres, les pâturages et la terre arable laissent progressivement la place à un paysage de lande.

ROB ROY

Glen Lyon is a beautiful closed valley. This saved it from being used as a main highway in past centuries and it is still little-known today. Together, with the 4 other valleys of Dochart, Orchy, Strae, and Gyle, it previously formed MacGregor territory.

The most famous amongst them was Robert MacGregor, immortalized in one of Sir Walter Scott's novels, and more recently by Hollywood. He had extremely long and very strong arms. Upright, he could touch his knees with his fingers and he could immobilize a deer by holding its antlers. The colour of his hair earned him the nickname Rob Roy (Red Robert).

A breeder in the region of Loch Arklet, he also used his looter's talents to offer his "protection" to the owners of herds in the area. After several harsh winters, he was forced to plunder rich properties of the Lowlands to feed his clan. The Duke of Montrose, following a debt, declared him an outlaw in 1712, ensured his house was burnt down and expropriated him from his land. In a fitting response, he settled down in the mountains, stole from herds and attacked the Duke's men by redistributing what he stole. Several escapes from prison ensured him a reputation comparable to that of Robin Hood. These exploits made him popular until the day when he was arrested (in 1722) and was released almost immediately! He spent the rest of his life in the land where he is buried.

Following the valley of Glen Lyon, 55 kilometres long, meadows and arable land gradually give way to the moors.

« Mon pied est ferme sur mes landes natales, et je m'appelle Rob Roy MacGregor ! » (chapitre 34)

Rob Roy

"My foot is on my native heath, and my name is Rob Roy MacGregor !" (chapter 34)

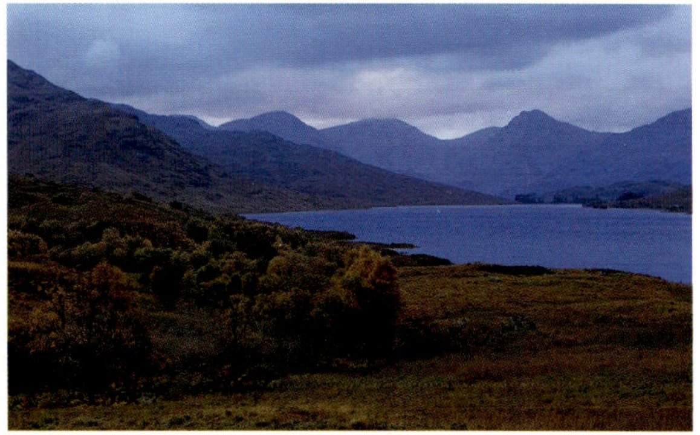

Loch Arklet

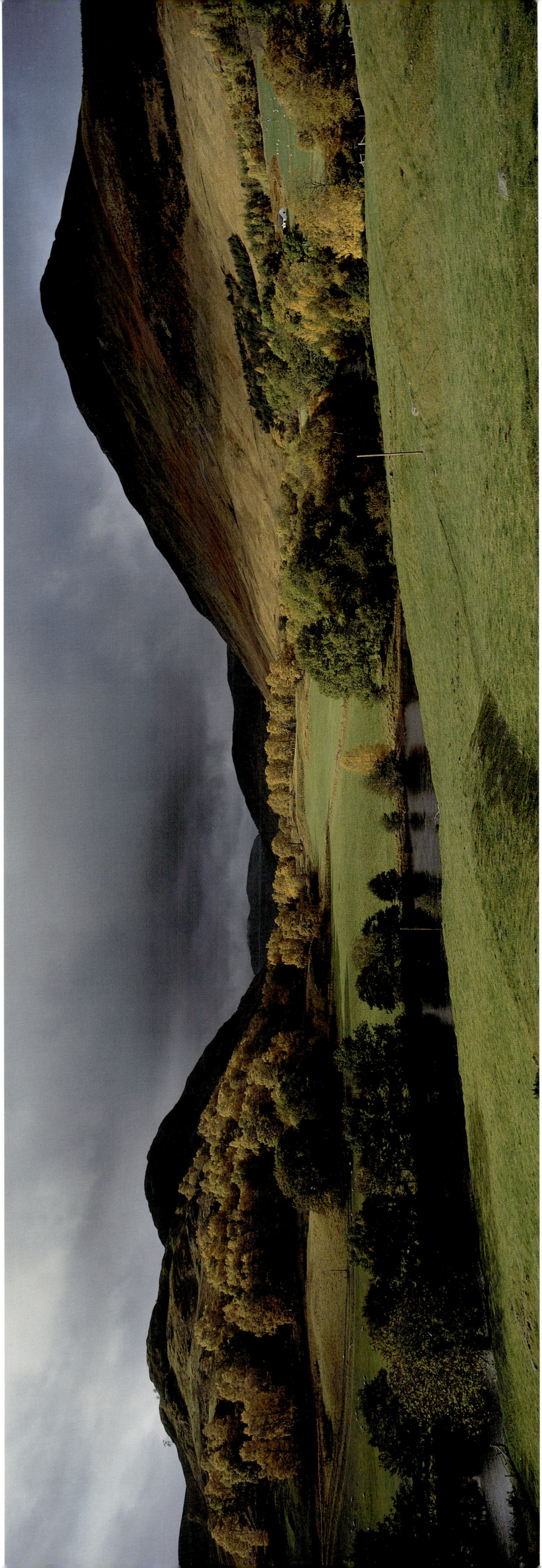

Glencoe

Le pays désolé | The desolate country

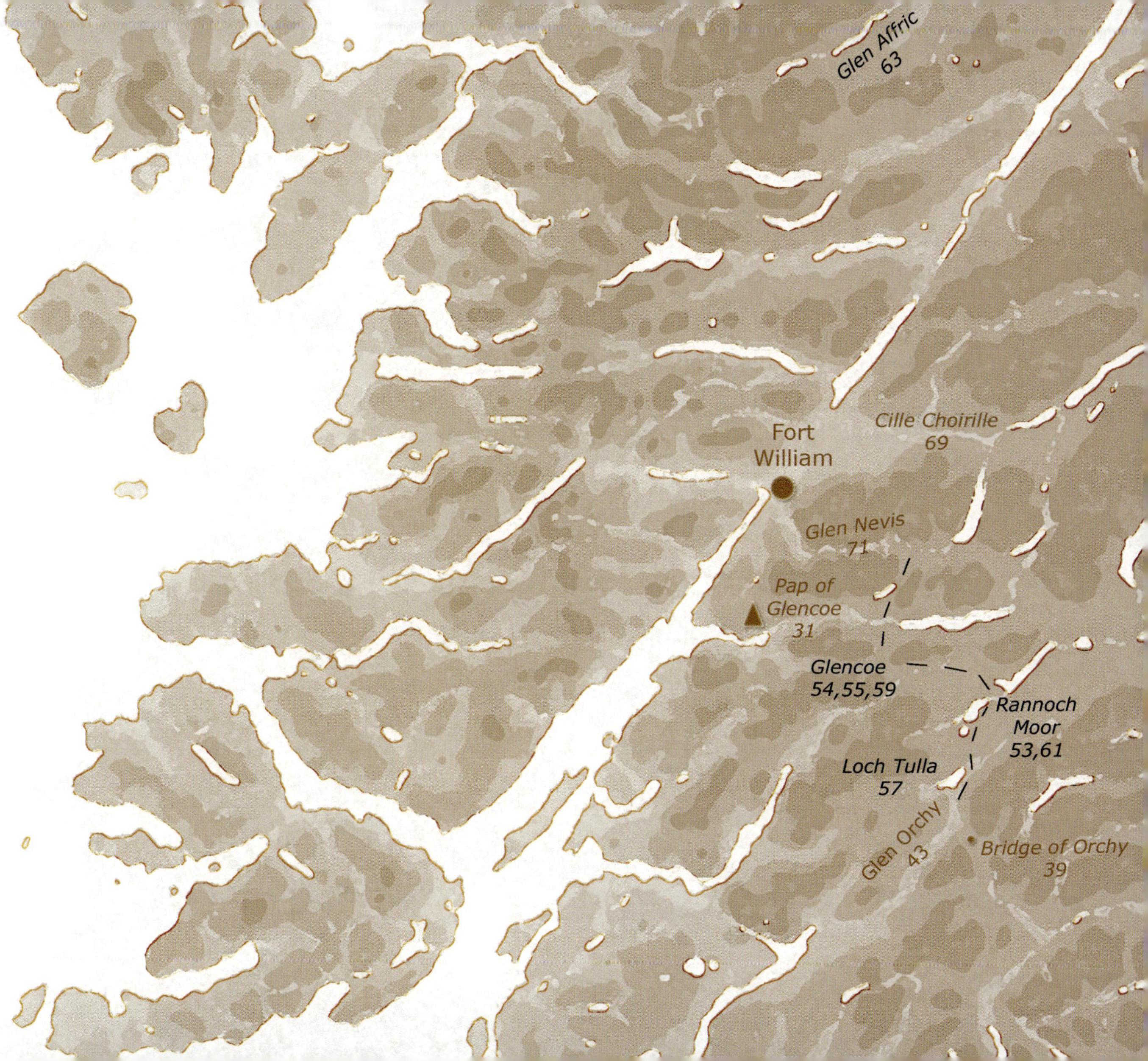

En grimpant doucement jusqu'à 350 mètres d'altitude, on atteint les landes désertiques de Rannoch puis la vallée encaissée de Glencoe, dominée par d'intimidants sommets volcaniques. Ils se cabrent, prennent des formes distinctes et finissent par former un mur-forteresse à mesure que l'on s'approche de la tête du défilé. On continue sur 20 kilomètres à travers le vallon, dégringolant dans la gorge de la Coe.

Rien ne peut se concevoir d'aussi désolé, sauvage et empreint de solitude que cette région imbibée d'eau à la surface cassée par des rochers. On a l'impression que les glaces du quaternaire viennent juste de se retirer. Le paysage a pourtant été sculpté voici quelque 25 000 ans. Rannoch était alors un vaste réservoir de glace et des glaciers mouvants taillaient la « vallée suspendue » de Glencoe. Aujourd'hui, c'est le pays du silence. Un silence qui invite à se concentrer, à retrouver la saveur primordiale de la vie, dans un grand calme cohérent.

Le vent et les lumières habillent et déshabillent à tout instant ces étendues de tourbières et de landes. Dans une même journée défilent averses, brumes d'estampe et ciel méditerranéen. Les nuages cachent le soleil, le brouillard dissimule le relief et un arc-en-ciel apparaît. La légende est juste, au pied de ce pont flottant entre le ciel et la terre, on peut trouver des trésors... d'enchantements.

By climbing slowly up to 350 metres in height, you reach the deserted moors of Rannoch then the deep valley of Glencoe, dominated by intimidating volcanic summits. They rise, taking dinstinct shapes and eventually form a wall-fortress as you approach the head of the gorge. You continue 20 kilometres through the valley, dropping sharply into the Coe gorge.

Nothing could convey such a desolate, wild and solitary impression as this region soaked with water and its surface broken by rocks. You have the impression that the ice of the quaternary period has only just withdrawn. The landscape was nevertheless sculptured this way about 25,000 years ago. Rannoch was then a vast reservoir of ice with advancing glaciers cutting the "hanging valley" of Glencoe. Today, it is a country of silence. A silence which invites us to concentrate, to find the essential flavours of life, in a vast, coherent tranquility.

The wind and light constantly dress and undress these areas of peat bogs and moors. In the same day, showers are followed by blankets of mist, then Mediterranean skies. Clouds hide the sun, the fog hides the relief and a rainbow appears. The legend is true; at the foot of this bridge, between the sky and the earth, we can find treasures ... of fascination.

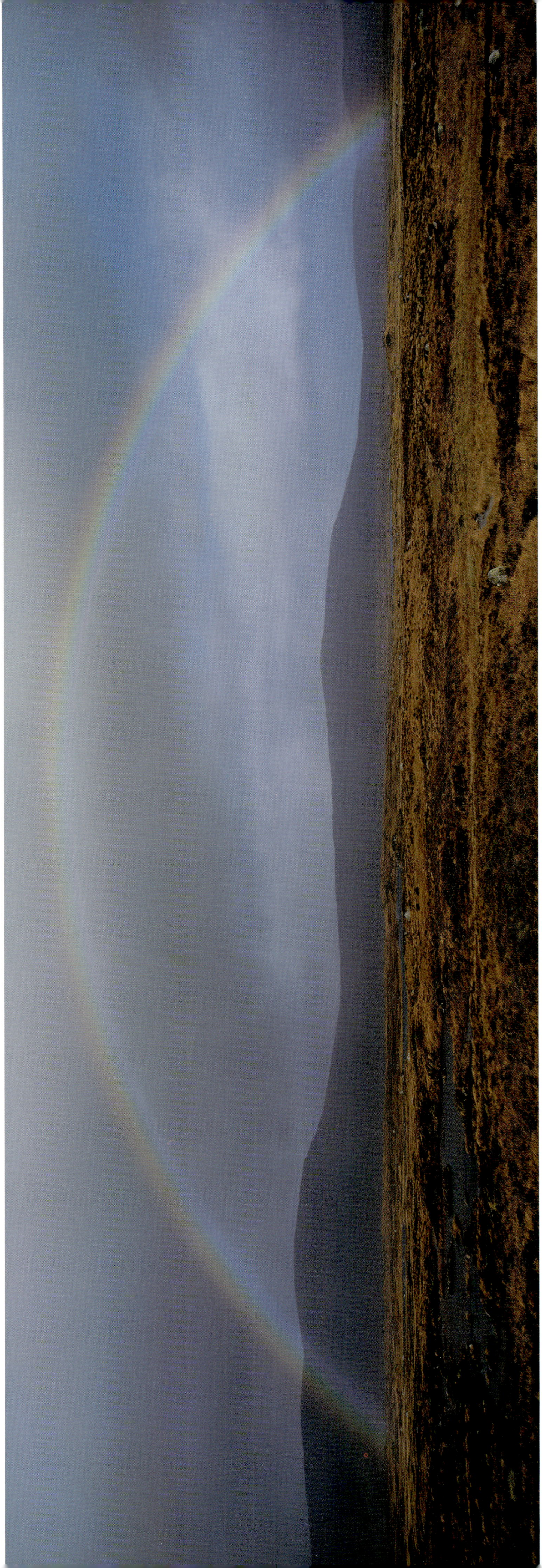

LA « VALLÉE DES LARMES »

Ces paysages grandioses donnent le frisson quand le vent se lève et que le ciel se charge de nuages. Avec le brouillard, le réel s'amenuise encore. Les écossais, élevés dans un protestantisme très terre à terre, ont besoin d'imaginaire pour aimer cette rude nature avec laquelle ils cohabitent. Depuis toujours ils raffolent des « histoires étranges et sauvages ». Les pics et les crêtes de Glencoe portent ainsi les noms de Feinn. Selon la légende, c'est ici que les héros de la plus ancienne mythologie celte vivaient. Une bande de poète-guerriers qui parcourait le pays païen en tout sens en quête de plaisirs simples. Ils somnolent désormais au sommet des montagnes, sur un trône de basalte, leur souffle causant, dit-on, de fréquentes bourrasques.

Mais un vent particulier souffle également sur ce lieu au nom gaélique prédestiné, celui de l'esprit de la guerre des clans, souvent ponctuée d'incidents tragiques. Surtout en février, lorsque les fantômes ensanglantés des MacDonald jouent de la cornemuse. Ils commémorent ainsi le massacre perpétré en 1692 par le clan rival de longue date des Campbell, allié à l'ennemi anglais. C'est l'un des évènements les plus connus de toute l'histoire écossaise.

L'histoire sanglante de Glencoe lui a valu, autant que son âpre beauté et sa faune sauvage, sa notoriété.

THE "VALLEY OF TEARS"

This magnificent landscape gives you shivers when the wind gets up and when the sky is loaded with clouds. With the fog, reality diminishes further. The Scots, raised as Protestants and very down-to-earth, need imagination to appreciate this harsh environment in which they live. They have always had a passion for wild and mysterious tales. The peaks and crests of Glencoe carry the names of Feinn because, according to legend, it is here that the heroes of most ancient Celtic mythology lived. A troop of poet-warriors crossed the pagan country in all directions in search of simple pleasures. It is said that they still doze at the top of the mountain, on a throne of basalt, their breathing causing frequent gusts.

But a particular wind also blows over this place with an appropriate Gaelic name, that of the spirit of clan warfare, which is often marked by tragic incidents. Especially in February, when the blood-stained ghosts of the MacDonalds play the bagpipes. They so commemorate the massacre committed in 1692 by Clan Campbell, their long-time rivals and the allies of the English enemy. It is one of the most well known events in Scottish history.

The bloody history of Glencoe has brought, as much as its beauty and its wild fauna, its notoriety.

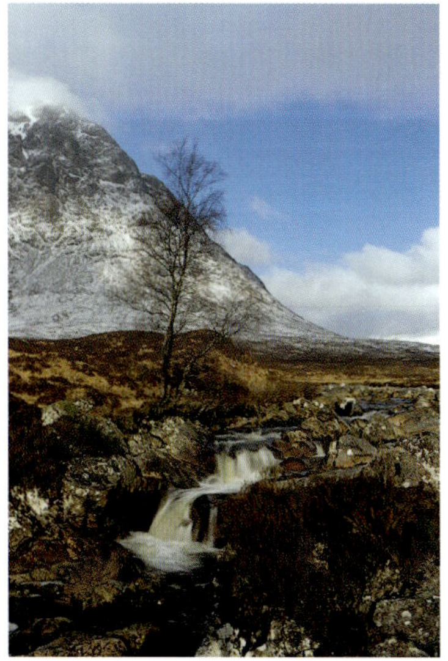

Buachaille Etive Mor

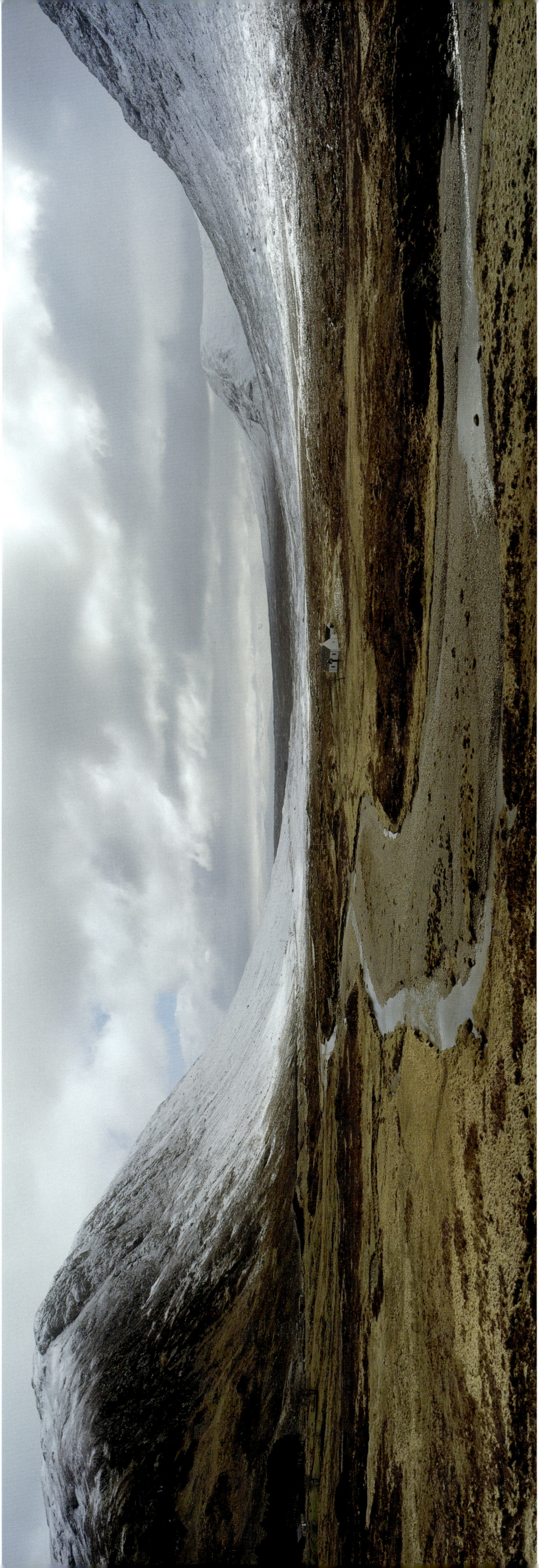

LA DISPARITION DE LA FORÊT

Le Loch Tulla est entouré de superbes reliques de la vieille forêt calédonienne qui s'étendait autrefois sur 1,5 million d'hectares au centre des Highlands, de Glen Coe à Braemar et de Glen Lyon à Glen Affric. Elle ne subsiste plus qu'en de rares sites isolés, tels que des îlots lacustres peu accessibles et dans les dépressions en bordure des cours d'eau ou sur les flancs abrupts des monts.

Le caractère « sauvage » ou « vierge » de ces immenses étendues de landes rases et de marais n'est ainsi qu'une apparence. Dès l'âge de bronze, les premiers agriculteurs ont commencé un long travail de déboisement systématique qui a perduré jusque dans les années 1970. L'allure s'est accélérée au Moyen Âge où la forêt a été brûlée pour en éliminer les loups et chasser les clans « hors-la-loi ». Les besoins industriels au XVIIe siècle ont nécessité toujours plus de bois employé comme combustible (chauffage, fonderie) ou comme matériau de construction (chemin de fer, construction navale...) et ont fermement clairsemé ce qui restait des secteurs de forêt denses. Près de 99 % de ce milieu forestier originel avait en grande partie disparu au XVIIIe siècle et avec lui les grands prédateurs.

Parfois âgé de plus de 400 ans, le pin d'Ecosse n'est autre que le pin sylvestre. Il se reconnaît à son écorce rugueuse qui évoque la peau d'un crocodile, à son tronc couleur de vieux bronze souvent tortueux ainsi qu'à ses paires d'aiguilles courtes de couleur vert bouteille.

THE DISAPPEARANCE OF THE FOREST

Loch Tulla is surrounded with magnificent relics of the Old Caledonian forest which formerly extended over 1.5 million hectares in the center of the Highlands, from Glen Coe to Braemar and from Glen Lyon to Glen Affric. There is little remaining except in rare, isolated sites, such as poorly accessible lakeside islands, along small stream borders or on the steep sides of mountains.

The "wild" or "virgin" character of this immense expanse of moor and swamp is nothing more than cosmetic. From the bronze age, the first farmers began the long task of systematic clearing, which continued until the 1970s. The speed accelerated in the Middle Ages when the forest was burned to eliminate wolves and banish "outlaw" clans. The industrial needs in the XVIIth century always required more wood for fuel (heating, foundries) or as building material (railways, shipbuilding) and drastically thinned out what remained of dense forest sectors. About 99% of the original forest environment had largely disappeared by the XVIIIth century and with it the large predators.

Sometimes more than 400 years old, the Scots Pine is also known as the Red or Northern Pine. It is recognized by its rough bark which evokes the skin of a crocodile, its trunk, often twisted, the colour of old bronze, and also by its pairs of short bottle-green needles.

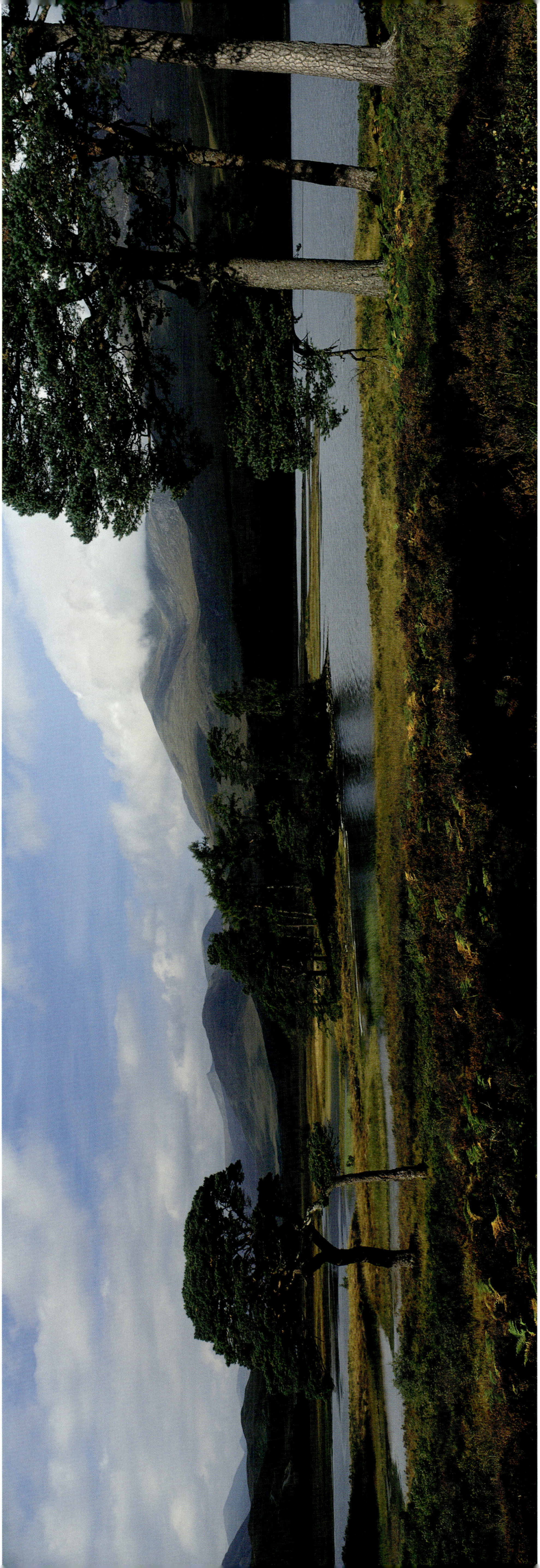

LA MAISON RURALE TRADITIONNELLE

L'habitat paysan traditionnel était une « cabane noire » à l'allure trapue, bâtie avec des murs doubles pour résister au vent. Le toit de chaume était fixé à l'aide de cordes lestées de pierres. Le feu de tourbe, ce « charbon du pauvre », noircissait l'intérieur de la maison que l'on surnommait pour cette raison la « cabane noire ». Quand, plus tard on cimenta les pierres et blanchit les murs à la chaux, elle devint une « cabane blanche ». Celle-ci jouxte la montagne qui commande l'accès à la vallée de Glencoe.

Si le paysage semble autant dénudé, c'est qu'au cours des derniers siècles, l'élevage extensif des ovins, puis du gibier, a conduit les grands propriétaires terriens à préférer aux forêts un milieu ouvert et enherbé. Cette gestion s'est faite un temps au détriment des prédateurs naturels du gibier et du peuple des Highlands. Aujourd'hui, l'intérieur des terres écossaises redevient un havre de paix pour de nombreuses espèces menacées en Europe, comme la martre, le chat sauvage ou l'aigle royal.

Avec ses à-pics se dressant à 350 mètres, le sommet pyramidal du « Grand Berger d'Etive » semble garder et délimiter le domaine de Glencoe. C'est une « Mecque » pour les marcheurs et les grimpeurs, car il est suffisamment particulier pour être immédiatement reconnu.

THE TRADITIONAL RURAL DWELLING

The traditional peasant dwelling was a "black house", built with double walls to resist the wind. The thatched roof was fixed by means of ropes ballasted by stones. The smoke of the peat fire, the "poor man's coal", darkened the inside of the house which so gave the nickname "black house". Later, when they cemented stones and whitewashed the walls, it became a "white house". This one adjoins the mountain which commands the access to the valley of Glencoe.

The landscape seems so bare because over the course of the last centuries, the extensive cattle breeding and then game, led major landowners to prefer clearings to forests. This management was at one time to the detriment of the natural game predators and the Highlanders. Today, the inland territories of Scotland have once again become sanctuaries for numerous species threatened in Europe, such as the pine marten, the wildcat or the golden eagle.

With its peaks rising up to 350 metres, the pyramidal summit of the "Buachaille Etive Mor" seems to keep watch over and delimit the domain of Glencoe. It is a "Mecca" for walkers and rock-climbers because it is instantly recognizable.

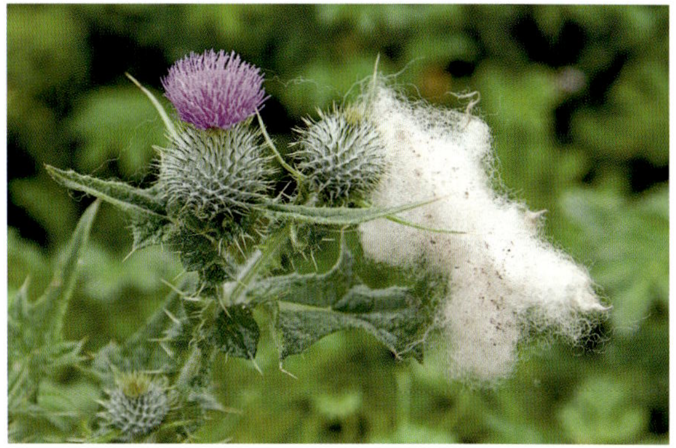

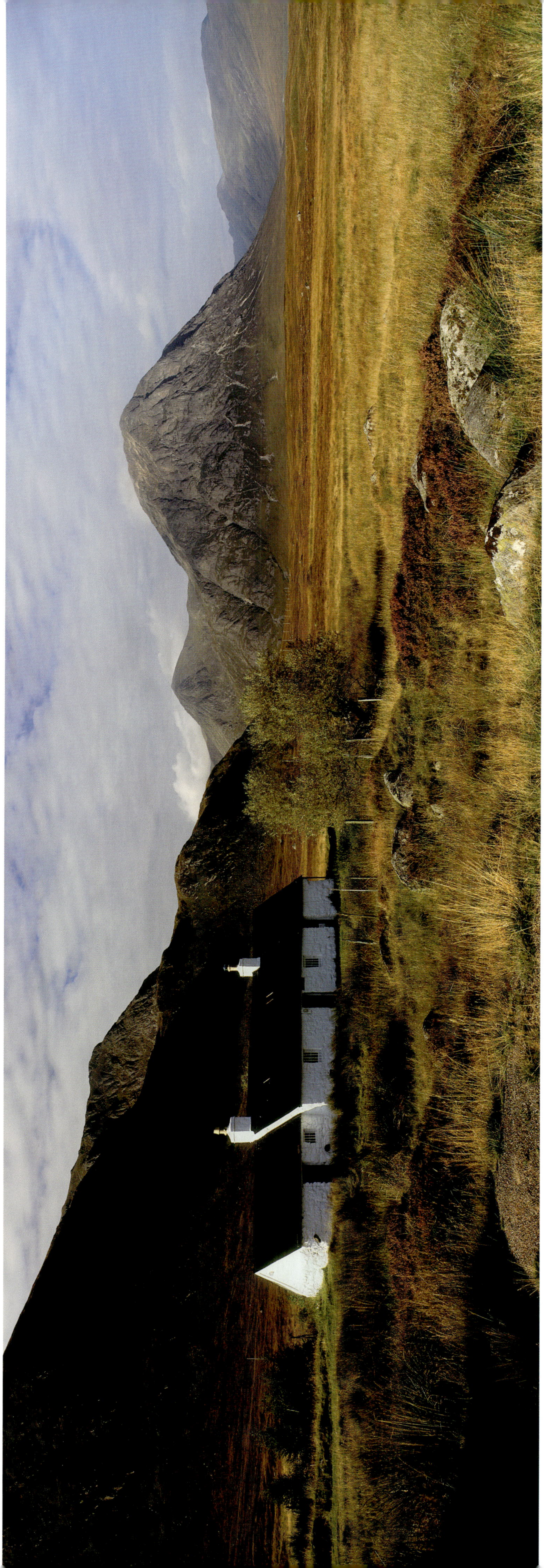

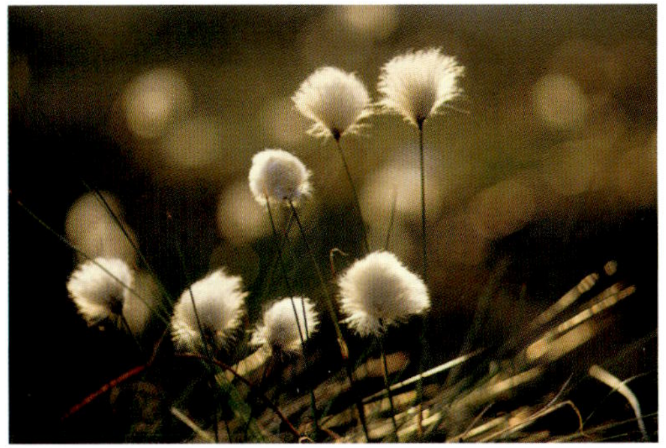

Linaigrette — Bog Cotton

LES GRANDES ÉTENDUES NUES ET BRUNES

La forêt s'est étendue lors du réchauffement climatique qui a suivi la dernière glaciation, il y a environ 9 000 ans. Le déboisement massif qui a suivi a mené à l'infertilité du sol des Highlands. Les cycles chimiques et organiques au-dessous de la couverture forestière se sont interrompus et la pluie a lessivé la terre arable plus bas, laissant les pentes supérieures nues et exposées. Les longs processus naturels de formation des tourbières ont été accélérés. L'abandon du bétail a entraîné la propagation des fougères, des ajoncs et de la bruyère.

Aujourd'hui, nu d'arbres, Rannoch est une vaste étendue de tourbe noire très humide. Elle s'étend sur plusieurs vallées, seulement interrompue par les collines qui s'élèvent en pentes grises et raides. C'est une lande sur laquelle flottent des bancs de brume qui dérivent au gré du vent mais semblent ne jamais devoir disparaître. Le sol marécageux est irrégulier, parcouru de ruisseaux qui s'étalent en flaques. Les quelques chemins qui la traversent disparaissent sous l'eau, les coulées de glaise, ou les herbes folles. Autour des rochers affleurants éclatés par le gel, la terre est suffisamment solide pour avoir permis à un arbre ou deux de pousser. Mais ailleurs, ce ne sont que fougères, bruyères... et de l'eau partout.

Rannoch est une tourbière étrange, morne, à l'apparence d'un paysage lunaire. Ce paysage surréaliste a longtemps servi de refuge aux brigands, notamment Robert le Bruce et Braveheart pendant leur guerre contre les anglais.

THE GREAT BARE AND BROWN EXPANSES

The forest extended during the global warming which followed the last glaciation, about 9,000 years ago. The massive clearing which followed led to the infertility of the Highland ground. The chemical and organic cycles, under forest cover, were interrupted and the rain washed the arable land away leaving the upper hillsides bare and exposed. The long, natural process of the formation of peat bogs was accelerated and the abandonment of livestock led to the growth of ferns, gorse and heath.

Today, Rannoch is a vast treeless area of very wet black peat. It extends over several valleys, only interrupted by hills which rise in grey and steep slopes. It is a moor on which banks of mist float and drift at the mercy of the wind, yet never seem to disappear. The marshland is irregular and scattered with brooks which spread out into puddles. Some of the roads which cross it disappear under water, clay flows or wild grasses. Around the frost-shattered rocks, the soil is solid enough to allow a tree or two to take hold. But elsewhere, there are only ferns, heather ... and water everywhere.

Rannoch is a strange, gloomy peat bog, with the appearance of a lunar landscape. This surreal countryside was used for a long time as a refuge by bandits, notably by Robert the Bruce and Braveheart during their war against the English.

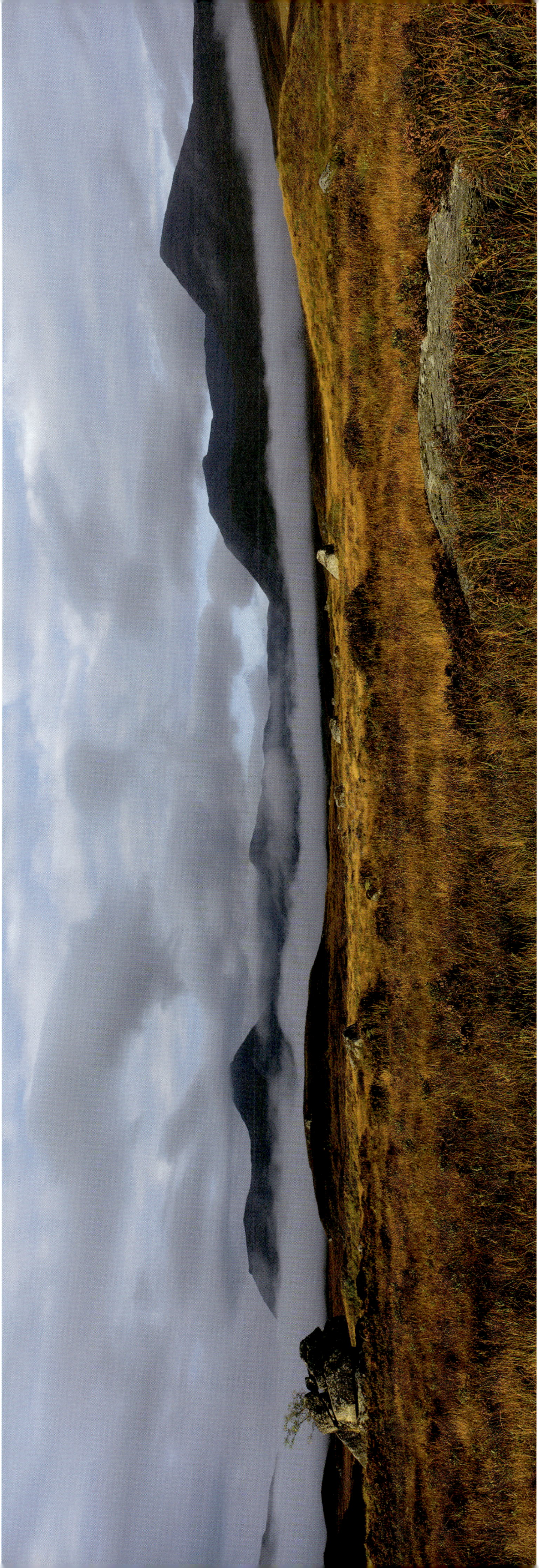

LA SOLITUDE OUATÉE D'UNE FORÊT PRIMAIRE

Relique de la vieille forêt calédonienne, Glen Affric, avec ses vieux pins majestueux, sorbiers, chênes, saules, genévriers et bouleaux argentés, offre une atmosphère unique de douceur et de tranquillité. Aujourd'hui, des bénévoles d'associations plantent des pins écossais et installent des clôtures pour mettre les plantations ou les zones de régénération naturelle à l'abri des dégâts causés par les grands herbivores. Avec l'aigle royal, le cerf « rouge », surnommé le « Monarque de la vallée », symbolise la force des highlanders et la puissance légendaire de leurs clans. Mais l'explosion récente des cheptels (plus de 300 000 têtes) pose de graves problèmes de surpâturage et d'érosion, empêchant cette régénération naturelle de la forêt.

De nouvelles forêts sont également apparues depuis les années 70, plantées d'essences exotiques tel l'épicéa de Sitka, afin de répondre à une demande de l'industrie du papier. Les rives des lochs ont été boisées de ces forêts « commerciales » à croissance rapide, aux contours géométriques, alignées en rangs serrés pour en accroître le rendement. Etranger au paysage naturel, leur sous-bois sombre et stérile a repoussé la faune et appauvri la flore. Le débardage industriel des parcelles arrivées à maturité a accéléré l'érosion et le lessivage des sols. Heureusement, ce type de sylviculture a été vivement remis en question.

Callune, bruyère et myrtillers tapissent le sol de la pinède écossaise. Aigle royal, blaireau, martre et loutre la peuplent. Son oiseau emblématique, le grand-tétras, disparu au XVIIIe siècle a été réintroduit avec succès.

THE VELVETY SOLITUDE OF A PRIMARY FOREST

A relic of the old Caledonian forest, Glen Affric, with its old majestic pines, mountain ash, oak, willows, junipers and silver birches, offers a unique atmosphere of mildness and tranquility. Today, voluntary associations plant Scots pines and erect fences to shield plantations or zones of natural regeneration from damage caused by large herbivores. Together with the golden eagle, the red deer, also called the "Monarch of the Glen", symbolizes the force of the Highlanders and the legendary power of their clans. Their recent explosion in number (300,000) poses serious problems of overgrazing and erosion, preventing the natural regeneration of the forest.

New forests have also appeared since the 1970s and exotic species, such as the Sitka spruce, have peen planted to answer an industrial demand for paper. The loch shores have been afforested by these fast growing "commercial" forests in geometrical pattern, aligned in tight rows to increase yield. Foreign to the natural landscape, their dark and sterile undergrowth have driven away the fauna and impoverished the flora. The industrial felling from matured plots of land has accelerated erosion and the washing away of the soil. Fortunately, this type of forestry has been actively challenged.

Heather, heath and blueberries cover the floor of the Scottish pine forests, encouraging the population of golden eagle, badger, pine marten and otter. Scotland's native bird, the capercaillie, which disappeared in the XVIIIth century has been successfully reintroduced.

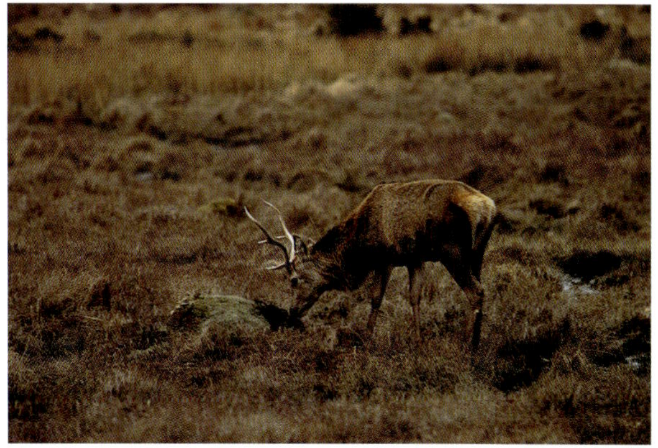

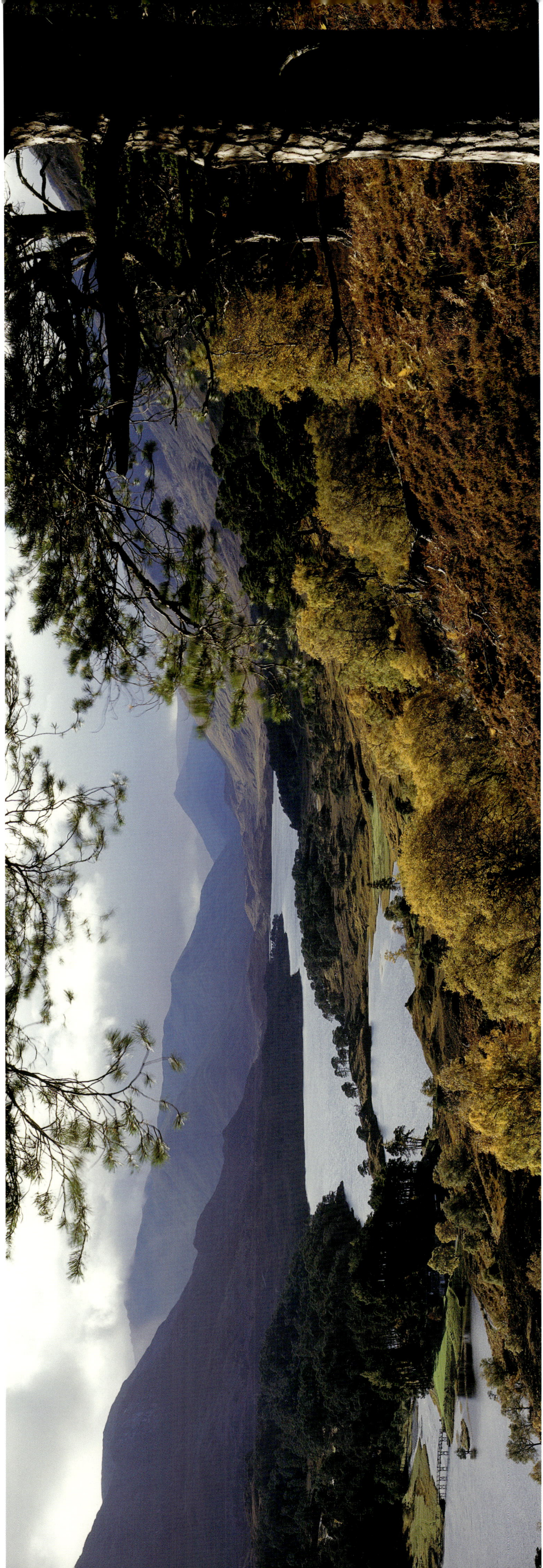

Lochaber

La route des îles | The Road to the Isles

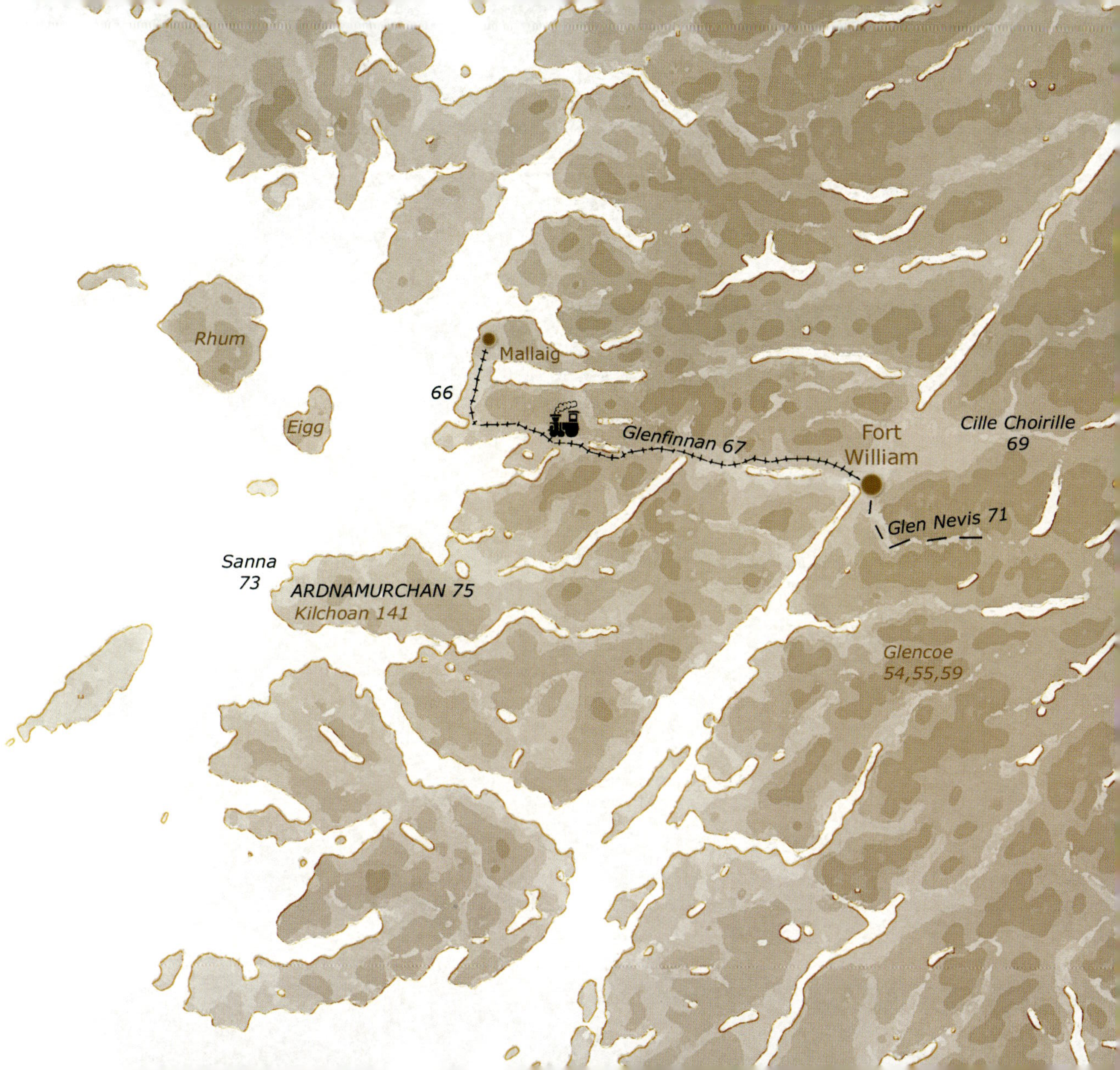

Le parcours de Fort William à Mallaig est l'un des plus beaux d'Ecosse. Il passe aux pieds de sommets majestueux et longe des plages d'une beauté à couper le souffle, dans une région marquée par l'épopée des insurrections des clans des Highlands. Ces paysages, qui ont servi de toile de fond à plusieurs scènes des films Harry Potter, sont également parcourus par le train à vapeur Jacobite, aux confortables voitures lambrissées.

Au sud de Mallaig, une route permet de découvrir les régions de Moidart, de Morven et d'Ardnamurchan, qui constituent l'une des parties les plus préservées de la côte ouest.

La ligne de 66 kilomètres qui relie Mallaig à Fort William, inaugurée en 1901, offre l'un des plus beaux parcours ferroviaires d'Europe. Elle franchit le viaduc spectaculaire de Glenfinnan.

The route from Fort William to Mallaig is one of the most beautiful in Scotland. In a region marked by the epic uprisings of the Highland clans, it crosses the foot of majestic mountains and follows breathtakingly beautiful beaches. These landscapes, which were used as a backdrop for several scenes in Harry Potter films, can also be crossed in the comfortable panelled carriages of the Jacobite steam train.

To the south of Mallaig, a road leads to the discovery of the regions of Moidart, Morven and Ardnamurchan, which constitute one of the most well preserved parts of the west coast.

The 66 kilometre long line which connects Mallaig to Fort William, was inaugurated in 1901, and offers one of the most beautiful railway routes of Europe. It crosses the spectacular viaduct of Glenfinnan.

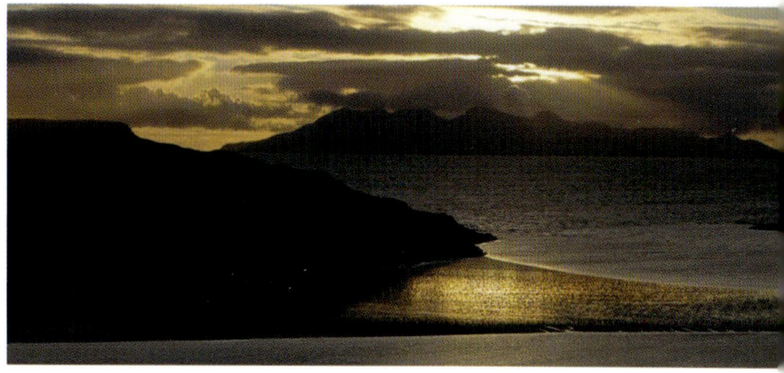

Rhum & Eigg

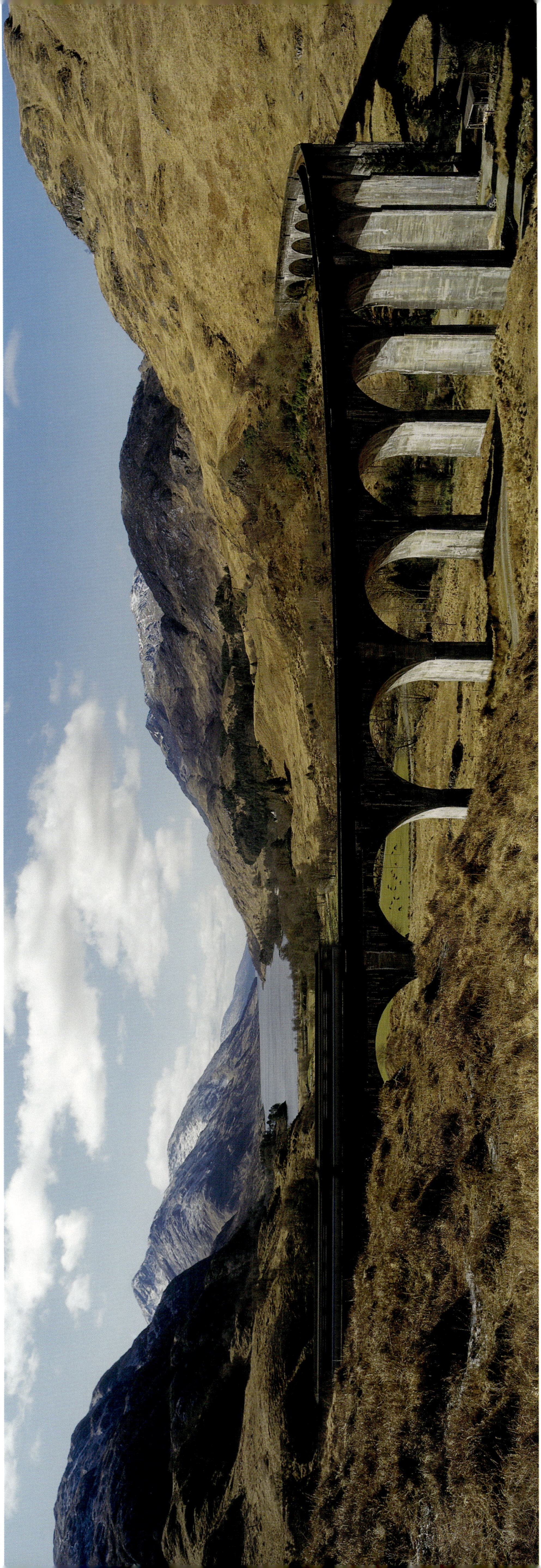

LE CIMETIÈRE DES HÉROS

La vieille église de Cille Choirille aurait été construite par un chef Cameron du XVe siècle, comme pénitence pour sa vie de pillages et de violence. De nombreux chefs du dernier soulèvement des Highlands sont enterrés dans son cimetière isolé.

En juillet 1745, Bonnie Prince Charlie, ultime prétendant au trône d'Ecosse et d'Angleterre, quitta la France pour son pays. Un mois plus tard, son « étendard » jacobite fut hissé à Glenfinnan, à la pointe septentrionale du Loch Shiel, pour rallier les clans highlanders à sa cause. A la tête de 1 300 hommes, il se lança dans une épopée qui l'amena début décembre aux portes de Londres avant de se terminer tragiquement à Culloden (près d'Inverness) en avril 1746.

A la suite de cette dernière rébellion, une répression féroce, orchestrée par Londres, s'abattit sur les Highlands et sur les clans. Les habitants furent dépossédés de leurs armes, le port de leur costume fut interdit, la langue gaélique proscrite. Les anglais, craignant une autre rébellion, déportèrent et exécutèrent bon nombre de highlanders. Ce fut la fin du système clanique et la quasi-mort de la culture des gaëls d'Ecosse.

Dominant la rivière Spean, le cimetière de Choirille offre une vue spectaculaire sur le Glen du même nom. Ce lieu est un véritable havre de paix et attire des fidèles de toutes les croyances.

THE CEMETERY OF THE HEROES

The old church of Cille Choirille may have been built by a Cameron chief in the XVth century, as repentance for his life of plundering and violence. Numerous leaders of the last Highland uprising are buried in its isolated cemetery.

In July, 1745, Bonnie Prince Charlie, ultimate pretender to the throne of Scotland and England, left France for his fatherland. One month later, his Jacobite "standard" was hoisted at Glenfinnan, on the northerly point of Loch Shiel, to rally Highland clans to his cause. At the head of 1,300 men, he embarked on an epic conquest which saw him reach the gates of London at the beginning of December, before ending tragically at Culloden (near Inverness) in April, 1746.

Following this last rebellion, London orchestrated a violent repression upon the Highlands and its clans. The inhabitants were disarmed, the wearing of their tartan was forbidden and the Gaelic language was banned. The English, being afraid of another rebellion, deported and executed a great number of Highlanders. It was the end of the clan system and a near-fatal blow to the Gaelic culture in Scotland.

Dominating the river Spean, the cemetery of Choirille offers a spectacular view over the Glen of the same name. This place is a veritable haven of peace and attracts believers of all faiths.

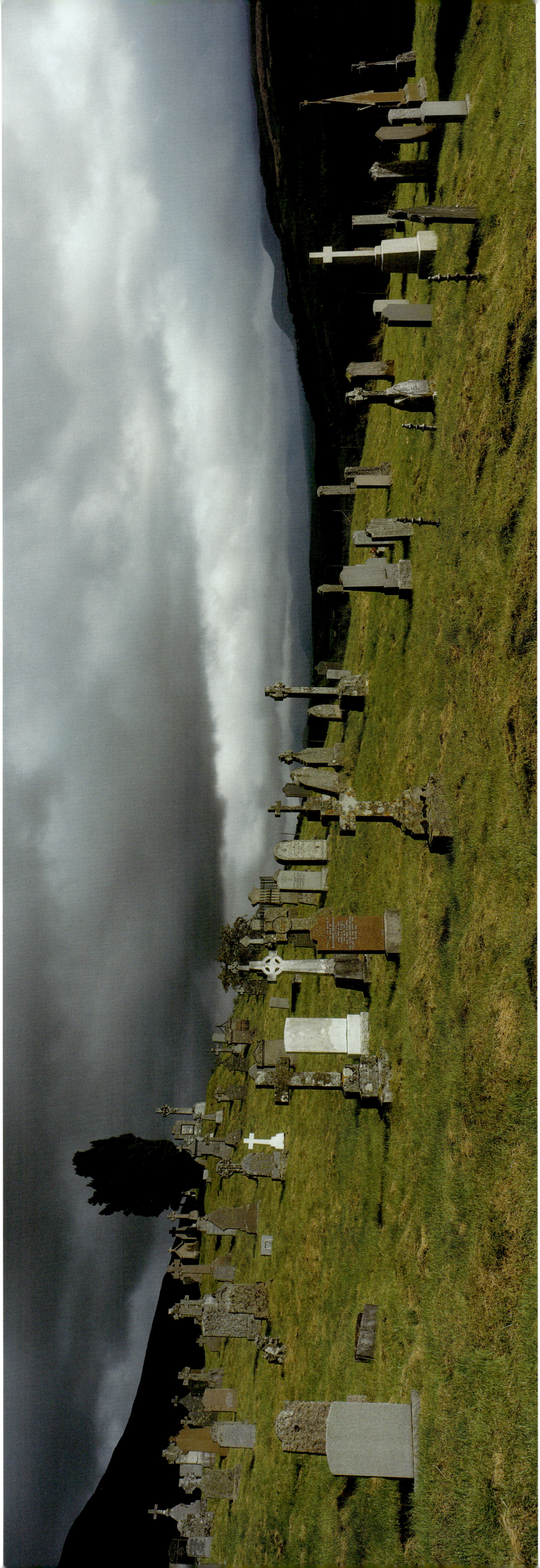

UNE TERRE INGRATE

Au pied du Ben Nevis, cette impressionnante cascade dégringole dans une vallée tapissée de fleurs sauvages, tout au bout d'une gorge spectaculaire qui a prêté son décor aux films Highlander, Rob Roy et Braveheart. Ben Nevis, le point culminant du Royaume-Uni (1344 mètres), est une montagne qui reçoit près de 4 000 millimètres de précipitations annuelles, et son sommet arrondi reste drapé dans la brume 300 jours par an.

Quand on visite aujourd'hui ces gigantesques pâturages à moutons (50 millions), il est difficile de croire que ces terres si peu marquées par l'homme étaient jadis peuplées et cultivées. Les rigueurs du climat et la médiocrité des sols n'y sont pas étrangers. L'économie des Highlands reposait en grande partie sur le travail de la terre, la pêche et l'élevage des bovins. Un paysan mettait 20 jours à extraire la quantité de tourbe nécessaire pour se chauffer toute l'année. Il cassait les pierres pour aménager un champ et ramassait du varech pour fertiliser cette terre stérile.

Les communautés de petits fermiers ont sans cesse lutté pour rester sur des lopins de terre n'ayant pas les ressources pour les faire vivre, désastre après désastre - naturels ou causés par l'homme. Ils survivaient plus qu'ils ne vivaient.

Les vastes étendues des Highlands qui comptaient encore près du quart de la population écossaise au milieu du XIXe siècle, sont devenues de véritables déserts humains, où la densité de la population varie de 7 à 2 habitants au kilomètre carré, suivant les comtés.

A BARREN LAND

At the foot of Ben Nevis, this impressive waterfall tumbles into a valley covered in wild flowers, at the very end of a spectacular gorge which provided backdrops to the films "Highlander", "Rob Roy" and "Braveheart". Ben Nevis, the highest point in the United Kingdom (1344 metres), is a mountain which receives about 4,000 millimetres of annual rainfall, and its round summit remains draped in mist 300 days a year.

When we visit these gigantic pastures today home to some 50 million sheep, it is difficult to believe that these lands, so untouched by man, were formerly populated and cultivated. Extreme weather and mediocre soil are no strangers here. The economy of the Highlands was based largely on working the land, fishing and the breeding of cattle. A farmer spent 20 days extracting the quantity of peat necessary to provide heat for the entire year. He broke stones to develop fields and collected kelp to fertilize this sterile land.

The communities of small farmers constantly fought to stay on their plots of land with few resources to support them. Disaster after disaster - natural or man-made - meant they survived rather than lived.

The vast Highlands which still accounted for nearly a quarter of the Scottish population in the middle of the XIXth century, became real human deserts, where the population density varies from 7 to 2 people per square kilometre, depending on the county.

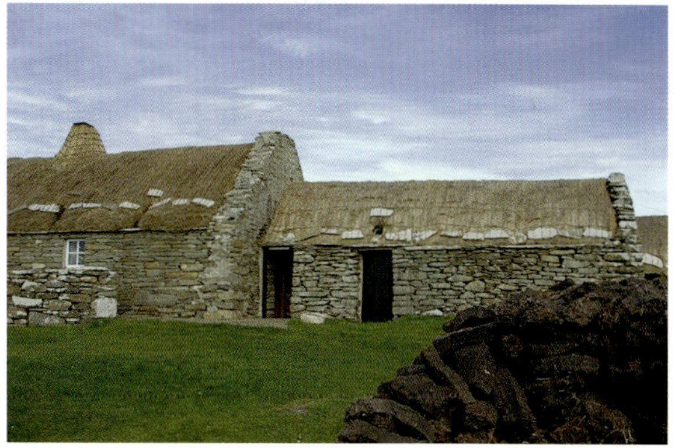

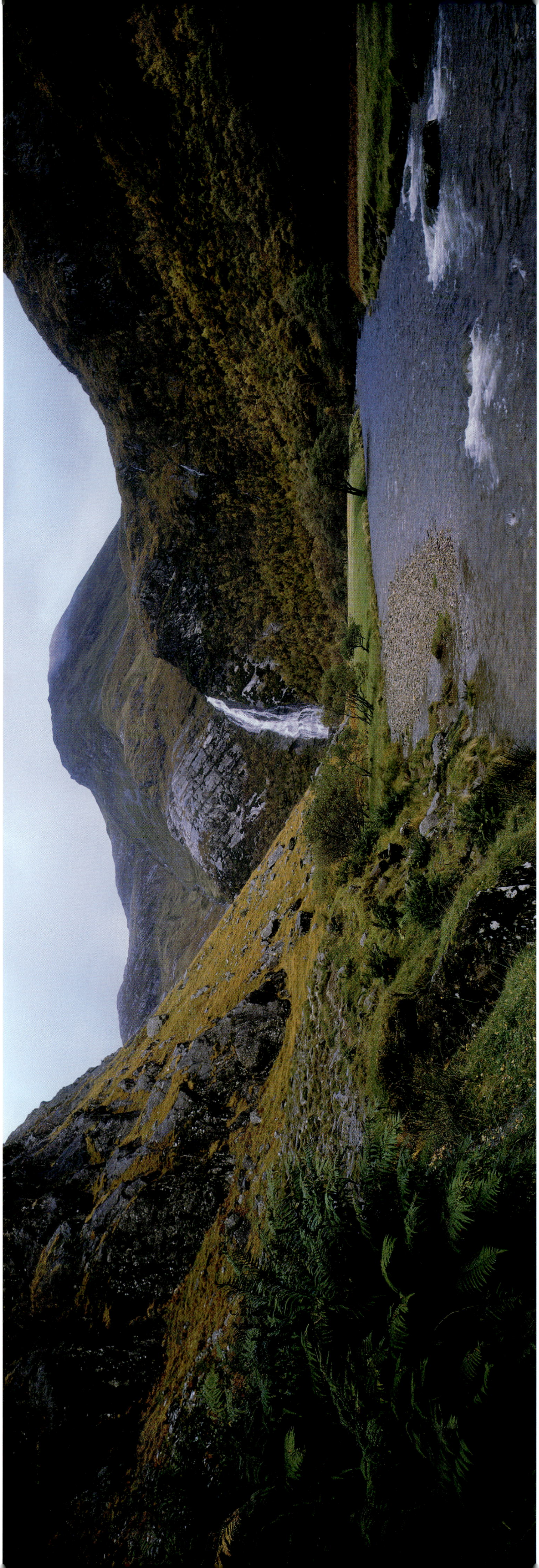

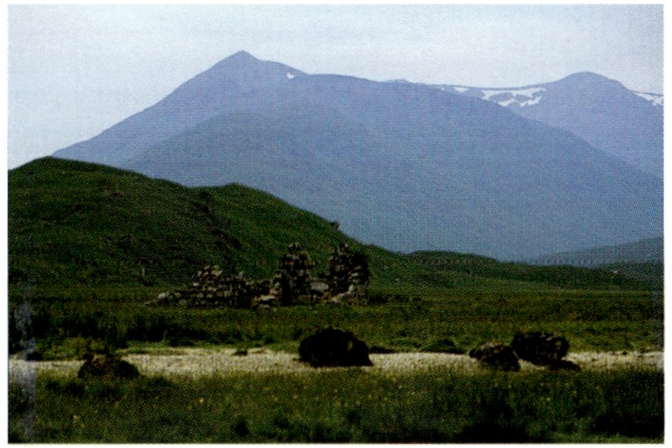

UN PEUPLE EN EXIL

Au lendemain de la dernière révolte des Highlands, la plupart des chefs héréditaires se muèrent en seigneurs propriétaires, et leurs hommes en métayers. En pleine ère de transformation, rationalisation et modernisation, ils prirent modèle sur les riches fermes d'Angleterre, jugeant plus rentable de louer leurs vallées encaissées et leurs côtes aux éleveurs de moutons à laine des Lowlands et de l'Angleterre. Avec une prime, les petits fermiers furent « aidés » à quitter leurs hostiles vallées de l'intérieur et les récalcitrants furent chassés. Puis, on incita les familles transplantées sur la côte à pratiquer la pêche du hareng ou la production de soude à partir du varech, très rentable.

Malgré cette première vague d'évictions et le déclin de ces industries, la population des Highlands s'éleva au cours de la première moitié du XIXe siècle. Cette pression démographique intensifia la misère qui devint aiguë vers 1836 et culmina dix ans plus tard lors de la famine de la pomme de terre.

Un grand nombre de « propriétaires », placés devant leurs responsabilités, optèrent pour la solution de l'émigration qui leur parut un moyen idéal pour se débarrasser de populations considérablement appauvries et endettées par des années de disette. Les quelques chefs qui avaient encore un sens traditionnel de leur fonction, et qui essayèrent de faire face à la situation économique désastreuse, ne réussirent qu'à se ruiner. La migration, volontaire ou forcée, des petits fermiers vers les plaines et les villes du continent où le niveau de vie était devenu bien plus élevé, s'accentua et se poursuivit jusqu'à 1931. Beaucoup s'exilèrent aux Etats-Unis ainsi que vers les colonies : Canada, Nouvelle-Zélande et Australie. L'esprit de clan subsiste toujours et constitue une force de cohésion remarquable chez les écossais d'Ecosse (5 millions) et exilés aux quatre coins du monde (20 millions).

A partir de 1850, des vallées entières se sont vidées de leurs habitants comme la péninsule isolée d'Ardnamurchan. A son extrémité, la baie de Sanna alterne calanques de plages de sable fin blanc, et collines verdoyantes, tout cela baignant dans des eaux couleur turquoise où une multitude de rochers affleurent à la surface, l'île de Skye en toile de fond.

PEOPLE IN EXILE

After the last Highland revolt, most of the hereditary chiefs became Lords and land owners, and their men became sharecroppers. In an era of complete transformation, rationalization and modernization, they took for model the rich farms of England, judging it more profitable to rent their deep, narrow valleys and their coastland to wool sheep breeders from the Lowlands and England. With a financial incentive, small farmers were "helped" to leave their hostile, inland valleys, and those who resisted were chased away. Then, families transported to the coast were encouraged to fish herring or to produce sodium from kelp, both very profitable.

In spite of this first wave of evictions and with the decline of these industries, the population of the Highlands rose during the first half of the XIXth century. This demographic pressure intensified the misery, which became acute in 1836 and peaked ten years later during the potato famine.

A large number of "owners", facing up to their responsibilities, opted for the solution of emigration which appeared to them an ideal way of getting rid of the considerably impoverished and indebted population resulting from years of hardship. The few chiefs who still had a traditional sense of their role and who tried to face the disastrous economic situation, managed only to ruin themselves. The migration, voluntary or forced, of small farmers towards the plains and cities of the continent where the standard of living had become higher, accelerated and continued until 1931. Many were exiled towards the United States and the colonies of Canada, New Zealand and Australia. The clan spirit still remains and constitutes a remarkable force of cohesion between the Scots in Scotland (5 million) and those exiled to the four corners of the world (20 million).

From 1850, whole valleys were emptied of their inhabitants such as the isolated peninsula of Ardnamurchan. At its extremity, the bay of Sanna alternates between fine white sandy beaches and green hills, all of this bathed in turquoise water where a multitude of rocks appear on the surface; in the background, the Isle of Skye.

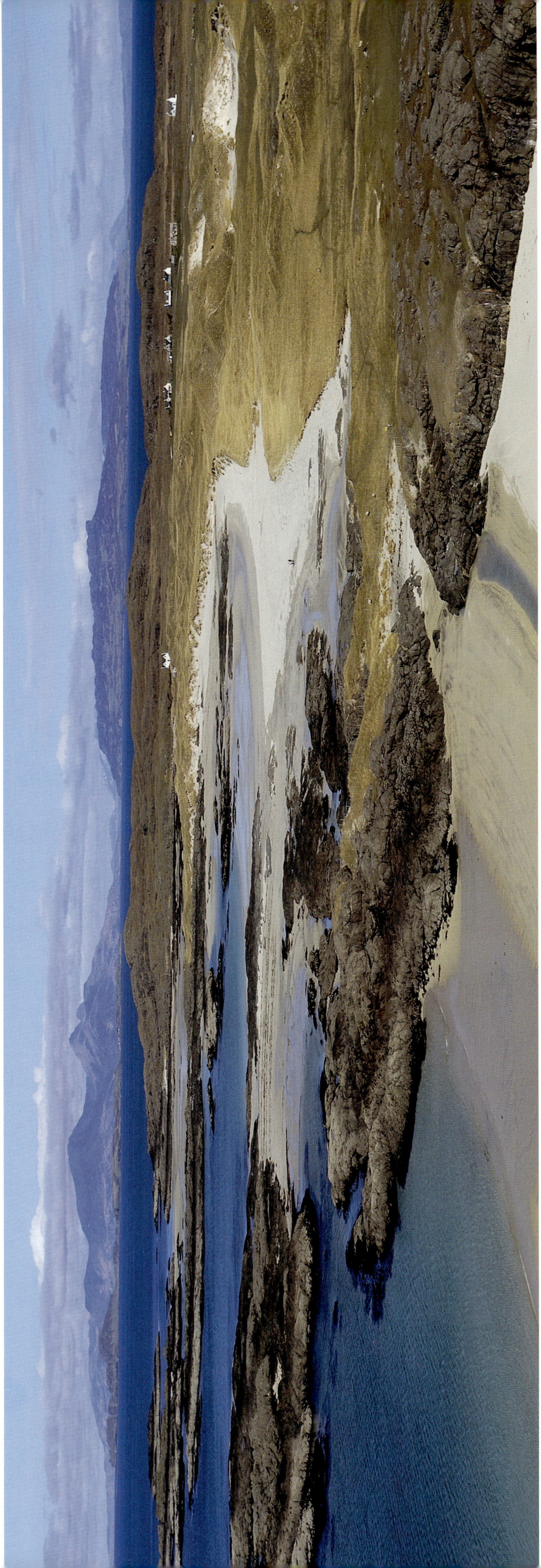

LES PETITS FERMIERS ET LA TERRE

Depuis la fin du XVIIIe siècle, les terres réservées jusque-là à l'agriculture paysanne de subsistance, sont passées dans les mains d'une poignée de personnes qui les ont converties en pâtures à moutons puis en domaines de chasse et de pêche. Le mouton à tête noire, capable de passer l'hiver dehors, a ainsi supplanté la petite race blanche natale. Omniprésent dans le paysage des Highlands, il représente la première source économique agricole du pays. Les landes sont aussi gérées en faveur du développement des populations de lagopèdes d'Ecosse (famille des perdrix) et de cerfs rouges.

Mais, les petits fermiers se sont toujours accrochés à la terre, considérant plus supportables les privations liées à leur environnement naturel que celles résultant de l'action humaine. Des gouvernements successifs ont donc essayé de trouver des moyens pour qu'ils puissent rester sur leurs terres et gagner leur vie. Dès 1886, une loi garantissait aux métayers la location de la terre et des fermages plus équitables. La population a cessé de décroître à la fin du XXe siècle grâce aux industries modernes comme l'énergie nucléaire, le pétrole, la pisciculture et surtout le tourisme. Aujourd'hui, les ressources aléatoires que procure un lopin de terre ne suffisent pas à un petit fermier. Il lui faut cumuler les emplois. Le paysan est aussi tisserand, voire pêcheur, commerçant ou gérant d'un Bed & Breakfast.

Au soir d'une journée de ciel bleu, avec cette luminosité particulière que réverbèrent les grandes étendues d'eau partout en Ecosse, on ressent toute la paix que l'on peut désirer en ce monde.

CROFTING THE LAND

At the end of the XVIIIth century, lands reserved until then for peasant subsistence farming, fell into the hands of people who converted them to sheep pastures, then into fields for hunting and fishing. The Scottish blackface sheep, capable of spending the winter outside, thus supplanted the small, native, white sheep. Omnipresent in the Highland landscape, the breed represents the country's main agricultural economic resource. Moors are also managed to favour the development of red grouse and red deer.

But, the small land farmers always clung to their land, considering hardships connected to their natural environment more bearable than those resulting from human actions. Successive governments thus tried to find a means so that they remain on their land and earn a living. From 1886, a law guaranteed crofters the tenancy of their land and fairer farm rents. The population stopped decreasing at the end of the XXth century thanks to modern industries such as nuclear energy, petroleum, fish farming and especially tourism. Today, the uncertain resources from a plot of land are not enough for a small farmer. It is necessary to take on other work and hence the farmer is often also a weaver, a fisherman, a trader, or even the manager of a Bed and Breakfast.

In the evening following a day of clear, blue sky, the peculiar light reflecting off the large areas of water in Scotland helps us to feel all the peace which we can hope for in this world.

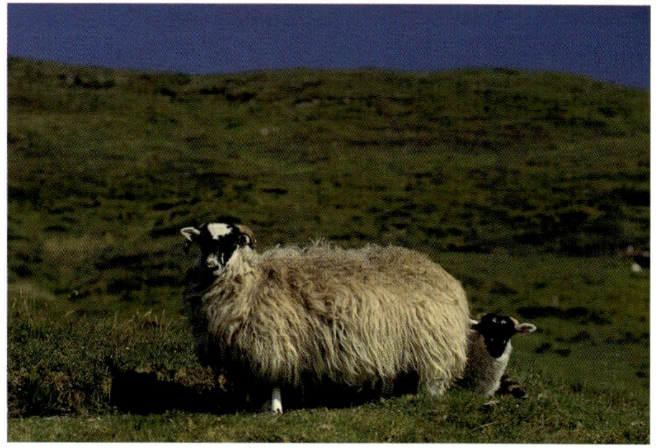

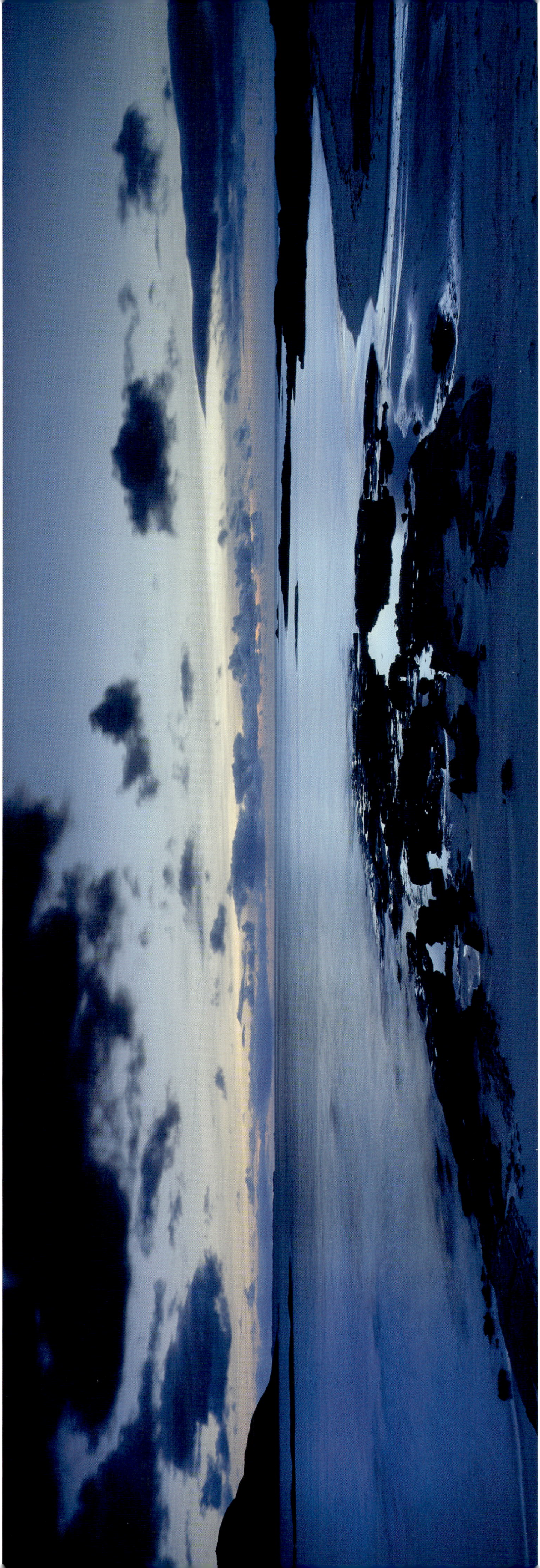

VERS UNE NOUVELLE GESTION DE LA TERRE

Ces dernières années, des propriétaires absentéistes qui avaient acheté la terre simplement pour faire un investissement judicieux, ou qui avaient délibérément retenu la prospérité économique de leurs propriétés, ont fait resurgir les maux réels ou perçus du passé. Dès la mise en place du nouveau parlement écossais en 1999, un projet de loi de réforme agraire fut discuté. Il entra en vigueur en 2003 donnant un libre accès à l'ensemble des terres, en leur assurant une meilleure distribution qui permit aux communautés locales de les acheter.

Certains grands propriétaires terriens ne voient pas comment des communautés locales pourraient gérer des terres qui nécessitent de grands investissements. D'autres s'impliquent dans la protection de l'environnement, leurs intérêts personnels de maintenir une propriété sportive pour le plaisir privé ou pour le bénéfice rejoignant les intérêts des naturalistes quant à la question de la libre circulation sur leurs terres.

Mais des petits fermiers d'Assynt ou les communautés des îles d'Eigg et de Gigha ont déjà racheté leur terre respectivement en 1993, 1997 et 2002 et commencé à y développer des petits commerces et des industries locales avec succès.

Ce champ est enserré dans un entrelacs de murets de pierres... ces pierres que les petits fermiers se sont épuisés à arracher à la terre afin de la cultiver et d'y vivre en communauté.

TOWARDS NEW LAND MANAGEMENT

Over the past few years, absentee land owners who had bought land simply to make a sound investment, or who had deliberately restrained the economic prosperity of their properties, have caused troubles of the past to resurface. With the implementation of the new Scottish Parliament in 1999, a bill of land reform was discussed. It came into effect in 2003, giving free access to land by insuring better distribution and allowing the local communities to buy it.

Some large landowners could not see how local communities could manage land which require big investment. Others involved themselves in environmental protection, their self-interest, in maintaining a sports property for their private pleasure or for profit, shared with the interests of nature lovers with regard to the question of the free movement over their land.

Small farmers of Assynt or the communities of the islands of Eigg and Gigha had already bought back their land in 1993, 1997 and 2002 respectively and have begun to successfully develop small businesses and local industries.

This field is enclosed by an interlacing low stone wall ... the same stones that the crofters toiled to extract from the land so as to cultivate and to live there in their communities.

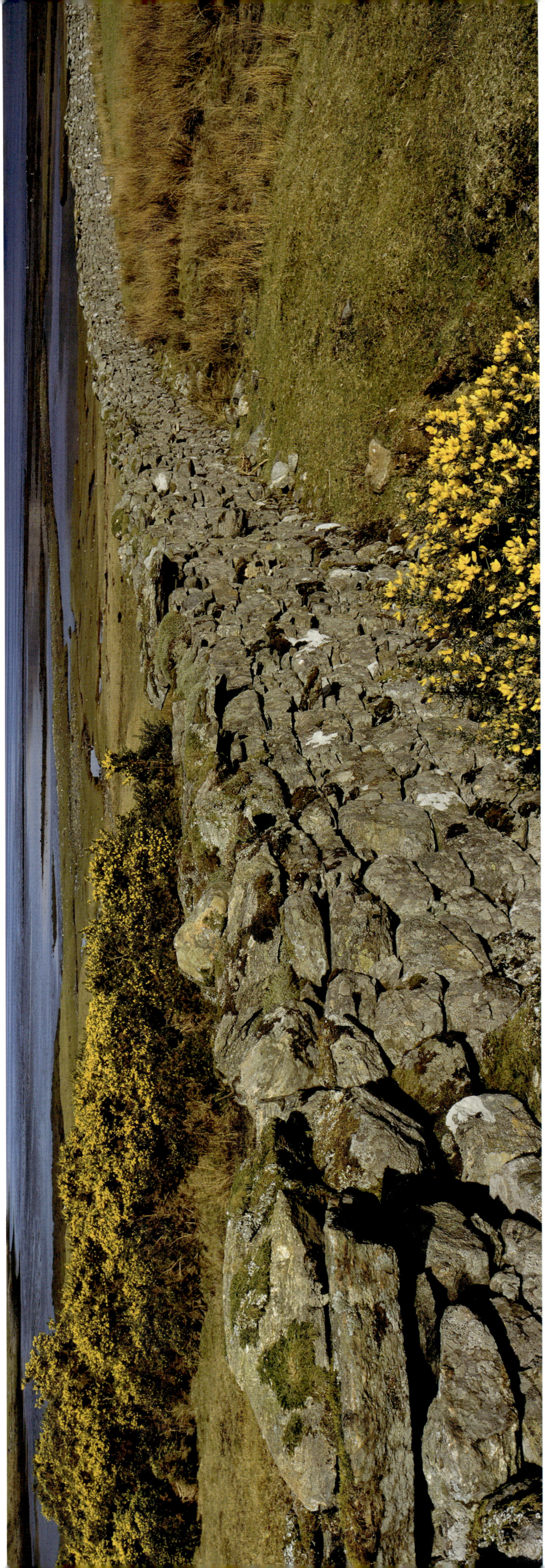

Skye

L'île volcanique | The volcanic island

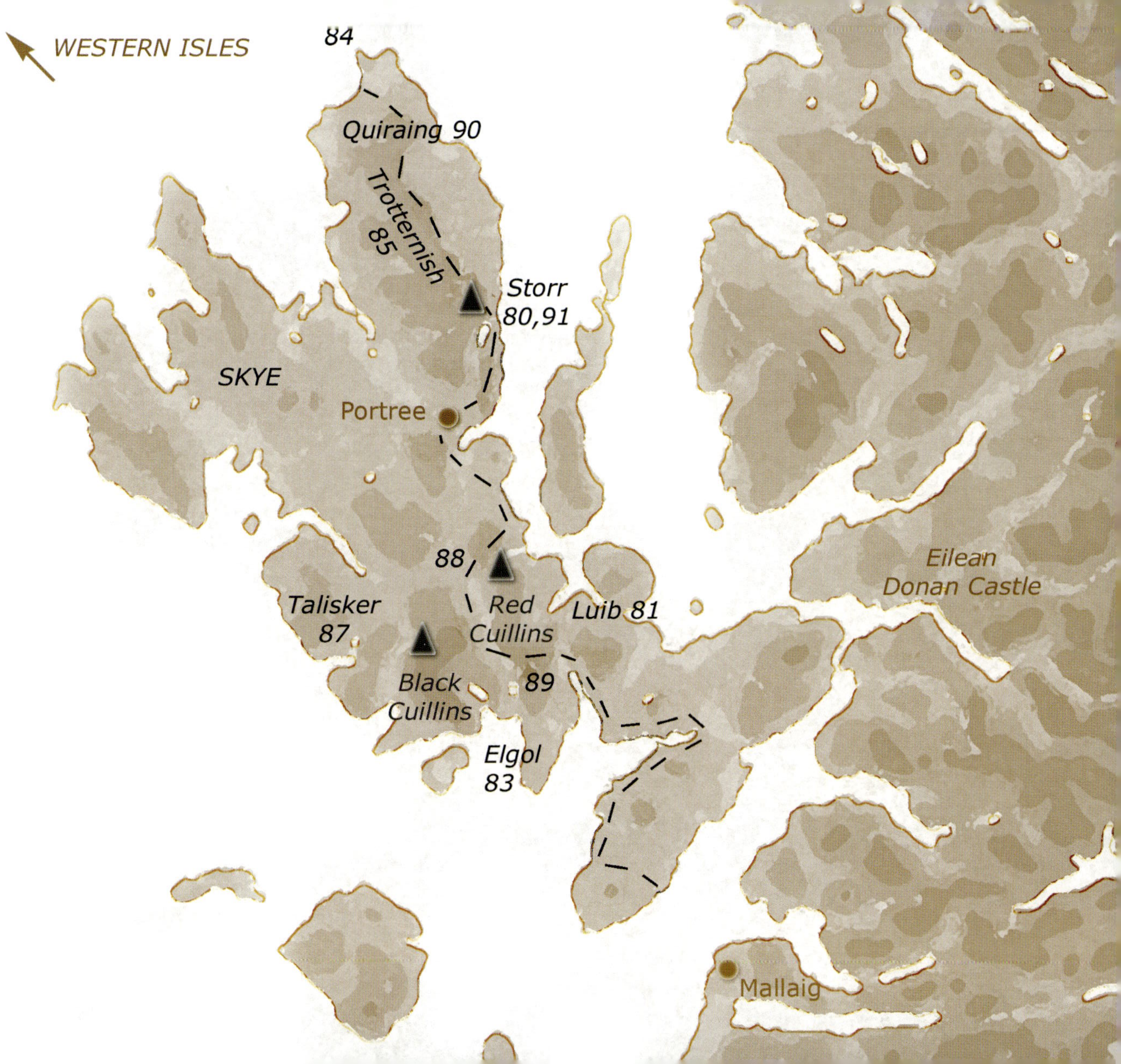

Ancrée à 2 kilomètres des côtes nord-ouest de l'Ecosse, Skye offre certains des paysages les plus saisissants du pays, avec ses côtes entaillées de profonds lochs, ses tourbières et ses immenses landes où paissent les moutons... Souvent décrite comme le plus beau joyau de la couronne des Hébrides, elle irradie la région de sa splendeur sans égale, depuis les pics glaciaires en dents de scie des Cuillin Hills jusqu'à l'extrémité nord du plateau érodé de la péninsule de Trotternish. Ses paysages sont le fruit d'une activité volcanique considérable au tertiaire et de l'érosion des grands glaciers au quaternaire.

Son nom viendrait du norrois Skuyö, « l'île du Nuage » ou du gaélique Sgaith (« l'île ailée », en raison de sa forme). On la surnomme également, pour des raisons météorologiques, « l'île des brumes ». Mais comme ailleurs en Ecosse, ce qui fut obscur peut tout à coup devenir diamantin.

Skye se revendique le bastion de la redécouverte de la culture celtique qu'on croyait disparue. La pratique de la langue gaélique écossaise est officiellement encouragée et elle est enseignée dans les écoles primaires.

Les sols marécageux de Skye sont relativement peu fertiles et accueillent surtout de grands troupeaux de moutons. Mais sa flore est riche : 600 espèces de plantes à fleurs et de fougères, 400 mousses, 150 lichens...

Anchored about 2 kilometres off the northwest coast of Scotland, Skye offers some of the most striking landscapes of the country, with its coasts cut by deep lochs, its peat bogs and its immense moors where sheep graze ... Often described as the most beautiful jewel in the crown of Hebrides, it illuminates the region through its unequalled magnificence, from the jagged glacial peaks of the Cuillins to the eroded northern extremity of the plateau of the Trotternish peninsula. Its landscape is the fruit of considerable volcanic activity in the tertiary period and erosion by the big glaciers of the Quaternary period.

Its name is believed to come either from "Skuyö", the word in Norse meaning "the island of the Cloud" or from the Gaelic "Sgaith" meaning "the winged island" because of its shape. It is also nicknamed, for meteorological reasons, "the island of mists". But, as elsewhere in Scotland, what was dark can suddenly become crystal clear.

Skye claims to be the bastion for the rediscovery of the Celtic culture which was thought to have disappeared. Use of the Scottish Gaelic language is officially encouraged and it is taught in elementary schools.

The marshlands of Skye are relatively infertile and welcome especially large crowds of sheep. But its flora is rich: 600 species of flowering plants and ferns, 400 mosses, 150 lichens ...

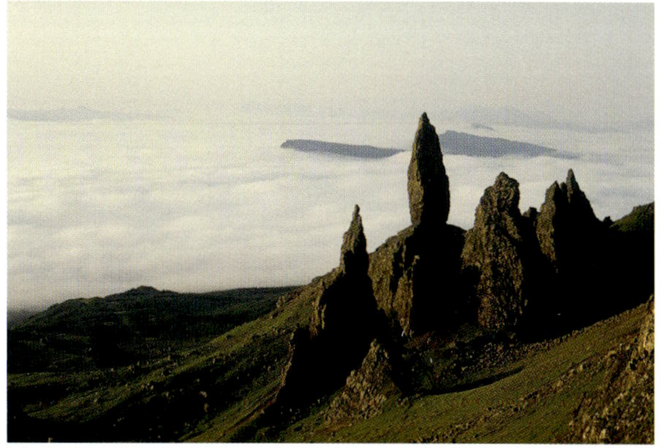

Old Man of Storr

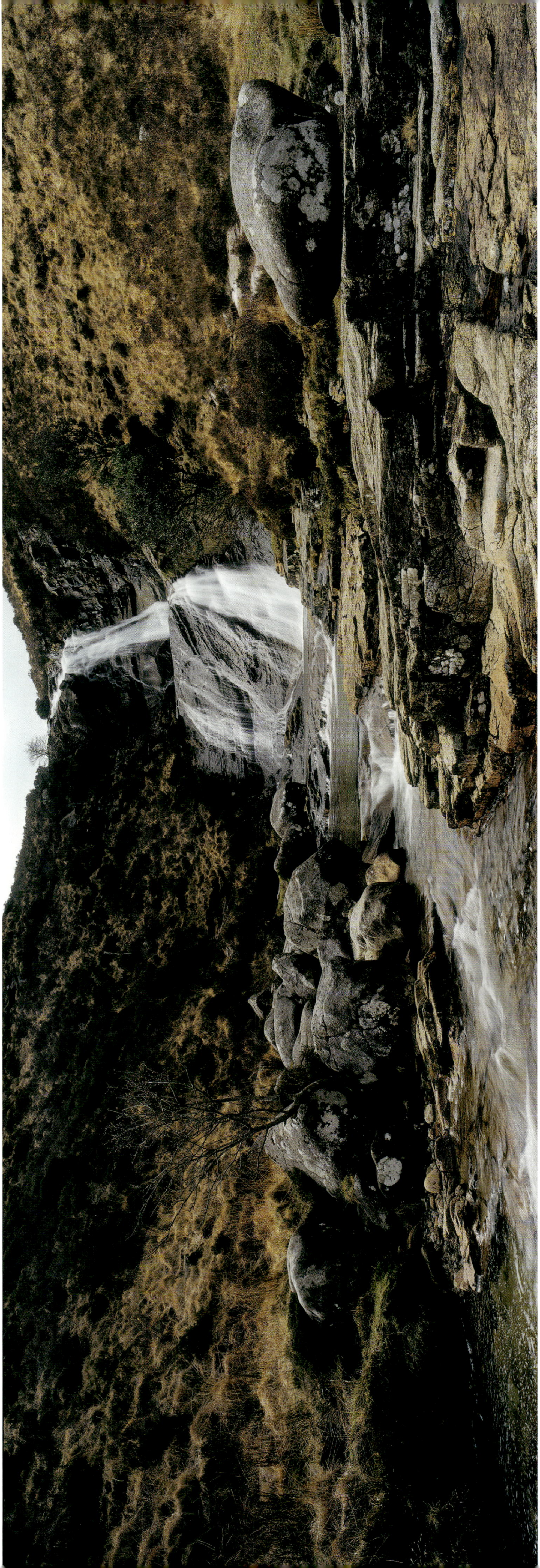

LA PLUS BELLE CHAÎNE DE MONTAGNES D'ÉCOSSE

Skye est avant tout un nid de montagnes. De quelque côté qu'on regarde, les crêtes accidentées des Black Cuillin dominent l'horizon. Ce massif volcanique est sculpté dans l'ancien réservoir de magma d'un volcan de l'ère tertiaire (il y a 50 millions d'années). Les énormes masses de lave jaillies hors de la croûte terrestre sont formées de gabbro, une roche dure provenant de matières volcaniques refroidies lentement sous terre.

Cuillin signifierait « inutile ». On ne peut en effet rien y cultiver, ni y faire paître les vaches. Seule une petite partie de l'île est cultivable, là où la roche volcanique est couverte de grès, de calcaire ou d'argile.

Les Black Cuillin sont l'un des plus splendides lieux sauvages d'Ecosse. Sa crête principale dessine un arc de cercle autour de la dépression glaciaire du Loch Coruisk. Elle est hérissée de 20 pics noirs aux allures de tessons. Etant les plus grands (plus de 900 mètres de haut) et les plus escarpés de l'île, ils sont constamment escaladés autant par les experts que par les amateurs et semblent assez robustes pour résister aux affres de l'érosion qui touche ailleurs la plus grande partie des Highlands.

Le paysage de l'île de Skye est dominé par les pics spectaculaires des Black Cuillin. L'un des plus beaux points de vue sur ces montagnes est celui de la baie d'Elgol.

THE MOST BEAUTIFUL MOUNTAIN CHAIN OF SCOTLAND

Skye is, above all, a nest of mountains. From whichever side you look, the jagged Black Cuillin crest dominates the horizon. This volcanic mass is sculptured from a reservoir of magma from a volcano of the tertiary era (about 50 million years ago). The enormous jets of lava thrown out of the earth's crust are formed of gabbro, a hard rock resulting from the slow cooling of volcanic material beneath the surface.

Cuillin could mean "useless". We can indeed cultivate nothing here, nor graze cows. Only a small part of the island is cultivable, where the volcanic rock is covered with sandstone, limestone or clay.

Black Cuillin is one of the most magnificent wild places in Scotland. Its main crest draws a circle around the glacial depression of Loch Coruisk. It bristles with 20 sharp, black peaks, resembling shards of glass. Being the highest (more than 900 metres) and the steepest of the island, they are constantly being climbed, as much by the experts as by amateurs, and seem robust enough to resist the torments of erosion which elsewhere affect much of the Highlands.

The landscape of the island of Skye is dominated by the spectacular peaks of the Black Cuillin. One of the most beautiful viewpoints of these mountains is that of Elgol's bay.

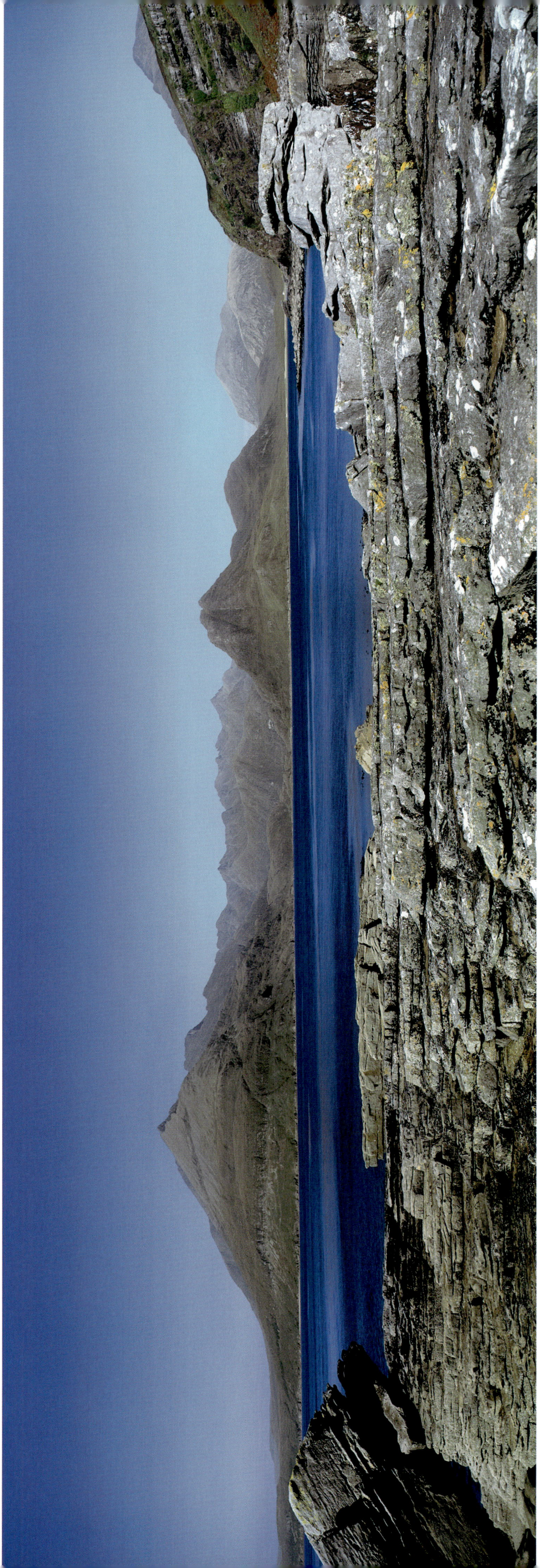

LES ÎLES

La beauté des Highlands se révèle lorsqu'on gravit les pentes montagneuses : les multiples lacs dissimulés derrière les collines se transforment alors en miroirs d'un ciel toujours changeant. Le littoral extrêmement découpé de l'île de Skye est visible de presque tous les sommets de l'île, aucun n'étant à plus de 8 kilomètres à vol d'oiseau de la mer ! La vue du panorama de Storr (719 mètres) s'étend même à 50 kilomètres alentour, couvrant une partie de l'archipel des Hébrides et des Highlands d'Ecosse.

Les îles d'Ecosse sont d'abord légendaires parce qu'il est impossible de les dénombrer ou plutôt parce que les géographes ne s'accordent pas sur leur nombre. A partir de quel moment un îlot devient-il une île ? De ces huit cents îles, qui comprennent les Orcades, les îles Shetland ainsi que l'archipel des Hébrides, seules une soixantaine dépassent 7 kilomètres carré, et la plupart sont inhabitées, tant pour des raisons géographiques qu'économiques.

Au nord-est de l'île de Skye, la verdoyante arête de Trotternish, essentiellement composée de coulées de lave volcanique, s'étale sur une trentaine de kilomètres.

THE ISLES

The beauty of the Highlands really shows itself when you climb the mountainous hillsides: the numerous lakes hidden behind hills are then transformed into mirrors of a constantly changing sky. The extremely rugged coast of the Isle of Skye is visible from almost all the summits of the island, as none is further than 8 kilometres, as the crow flies, from the sea! The view from Storr (719 metres) extends as far as 50 kilometres, covering a part of the archipelago of Hebrides and the Scottish Highlands.

The islands of Scotland are also legendary because it is impossible to count them, or rather geographers do not agree on their number. From what moment does an islet become an island? Of these eight hundred islands, which include the Orkneys, Shetland and the archipelago of the Hebrides, only about sixty exceed 7 square kilometres and most are uninhabited, for both geographic and economic reasons.

In the northeast of the Isle of Skye, the green crest of Trotternish, essentially comprising flows of volcanic lava, spreads out for about thirty kilometres.

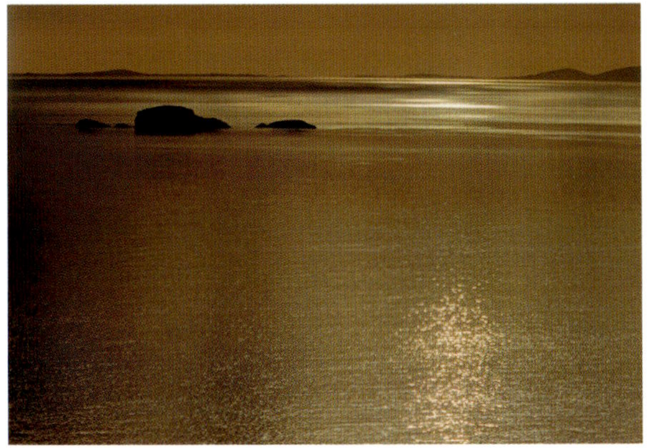

Hebrides

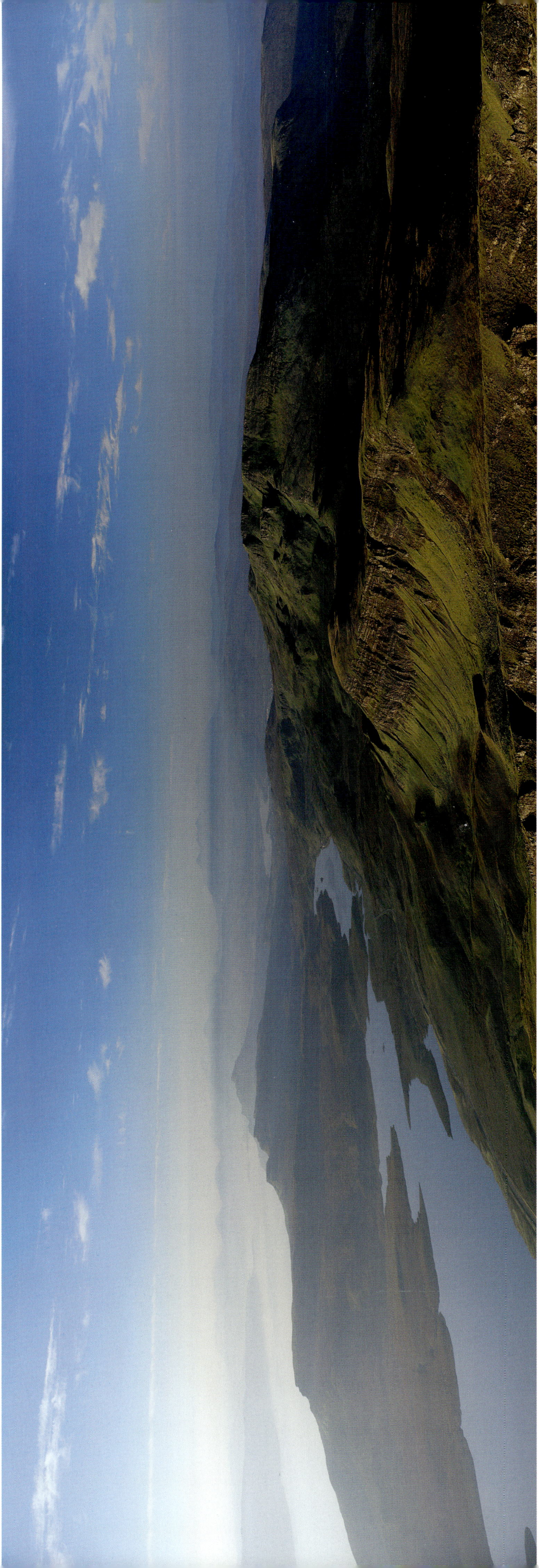

L'ORIGINE D'UN WHISKY AU GOÛT DE LAVE

Le whisky de la distillerie de Talisker est un des plus grands et des plus intenses d'Ecosse. Ses arômes nettement poivrés viendraient des poussières de lave tapissant les strates tendres qui affleurent le site (la distillerie est à 10 kilomètres de la chaîne volcanique des Cuillins). C'est un single malt, le plus pur des whiskies. Il est fabriqué de manière traditionnelle, à base de levure, d'eau de source et d'orge.

« L'eau-de-vie » se dit Uisge-beatha en gaélique. C'est le premier terme : uisge, signifiant eau, qui a donné le mot whisky, peut-être parce que le distillat était utilisé pour soigner ou bien parce que la vapeur d'alambic avait l'allure d'un spectre et la faculté de revenir à la vie dans le fût ou la bouteille.

On dit du whisky qu'il est le poème de l'eau, du feu et de la tourbe. Aujourd'hui, en France, on boit plus de whisky en un mois que de cognac en un an ; aux Etats-Unis, on consomme une bouteille de whisky tous les dixièmes de secondes.

Plusieurs rochers inclinés se trouvent à l'entrée de la crique appelée Talisker Bay, « le Rocher en pente ». Les noms gaéliques décrivent souvent la topographie d'un lieu, comme d'ailleurs ceux des Indiens d'Amérique du Nord.

THE ORIGIN OF LAVA-FLAVOURED WHISKY

The whisky of the Talisker distillery is one of the famous and of the most intense to be found in Scotland. Its sharply peppered aromas are largely accedited to the lava dust coating the soft strata which abounds the area (the distillery is 10 kilometres from the volcanic chain of the Cuillins). It is a single malt, the purest of whiskies. It is made in the traditional way, based on yeast, spring water and barley.

"The water of life" translates to "Uisge-beatha" in Gaelic. Uisge, meaning water, is the origin of the word whisky, maybe because the distillate was used to heal, or perhaps because the still's vapor had a phantom-like appearance, potentially coming back to life in the barrel or the bottle.

Whisky is said to be the poem of water, fire and peat. Today, in France, more whisky is consumed in a month than cognac in a year; in the United States, whisky is bought at an average of ten bottles per second.

Several oblique cliffs stand guard at the entrance to the inlet of Talisker Bay, "the sloping cliff". The Gaelic names often describe the topography of a place, in a similar way to the Indian names of North America.

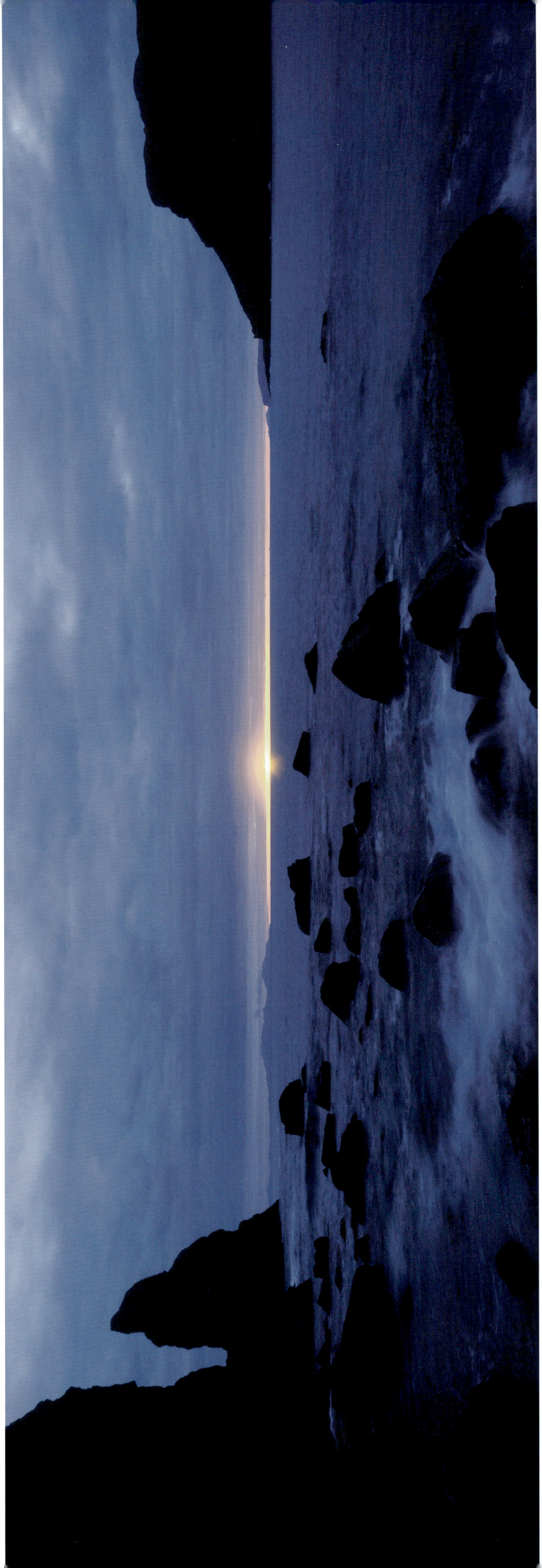

LES MONTAGNES DE SANG

Les Red Cuillin sont formées de granit qui provient de la même matière volcanique que le gabbro des Black Cuillin mais plus tendre, parce que refroidi rapidement à l'air libre. Elles doivent leurs formes arrondies au vent et à l'eau qui les ont uniformément érodées et polies. Les pentes de granit sont teintes en rose et, au coucher de soleil, par beau temps, on croirait voir des rivières de sang pâle couler sur les flancs des montagnes. Elles se reflètent ici dans les eaux pures du Loch Slapin près de Torrin.

Les îles des Hébrides, encore très sauvages, sont actuellement peu peuplées, plus de la moitié des habitants vivant dans des villages de moins de 1 000 âmes. Il faudrait plus de tourisme et plus d'habitants pour faire tourner l'économie locale et préserver l'environnement.

A l'époque glaciaire, les vallées creusées furent remplies d'eau de mer lorsque les champs de glace se retirèrent. Cela donna naissance à de nombreux lacs sur le pourtour de l'île, la plupart ouverts sur la mer comme celui de Slapin.

THE MOUNTAINS OF BLOOD

The Red Cuillin is formed from granite resulting from the same volcanic material as the gabbro of the Black Cuillin, but is softer due to rapid surface cooling. They owe their rounded form to the wind and the water which uniformly erode and polish them. Granite hillsides are tinted in pink and, in the sunset on a fine day, we could believe we were looking at pale-coloured rivers of blood flowing down the sides of mountains. Here, they are reflected in the pure waters of Loch Slapin, near Torrin.

The Hebrides, still very wild and sparsely populated, find more than half of their population living in villages of less than 1,000 inhabitants. More tourism and more inhabitants would be needed to boost the local economy and preserve the environment.

In the glacial era, the gouged-out valleys filled with sea water as the ice fields withdrew. This gave birth to numerous lakes around the island, such as that of Slapin, most of them opening to the sea.

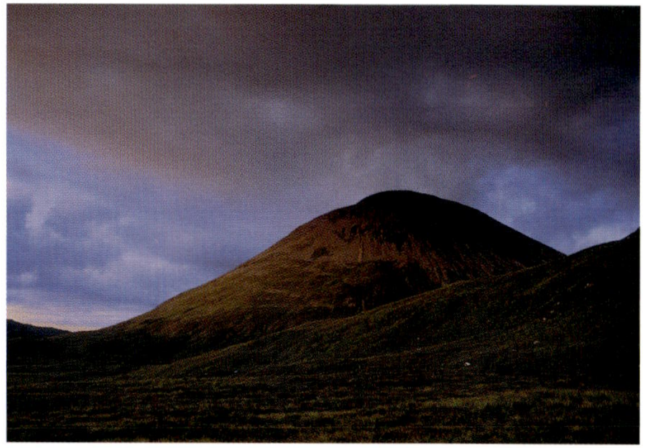

Sligachan

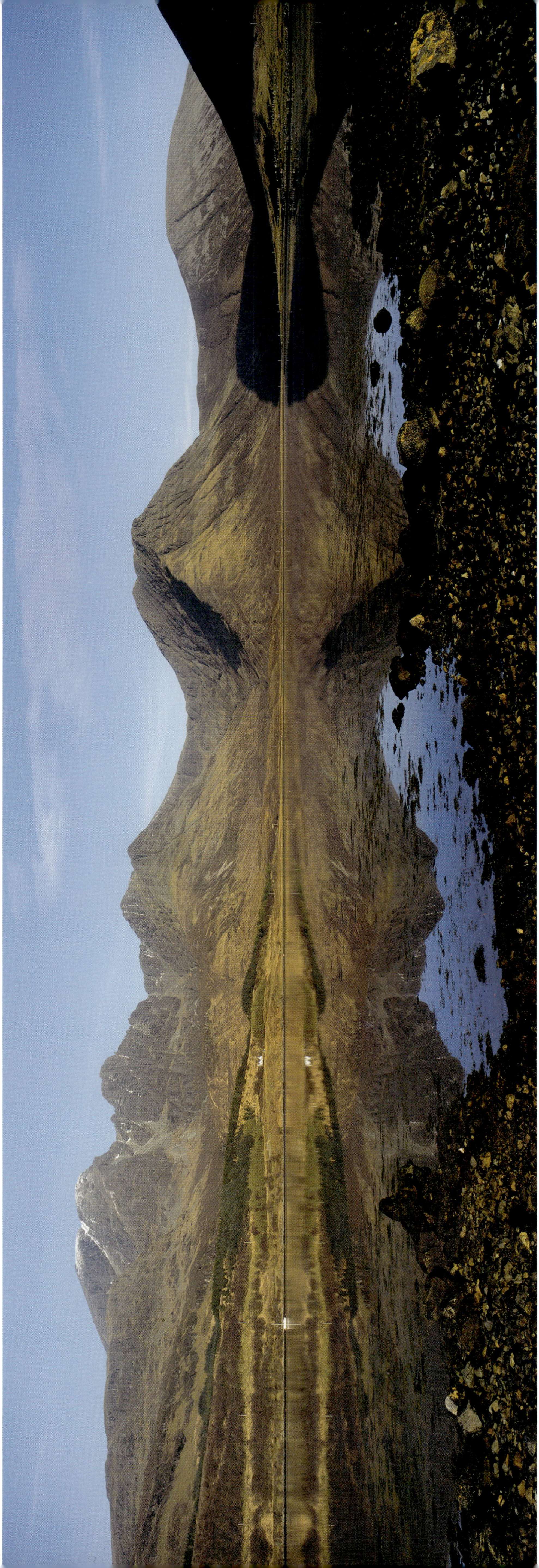

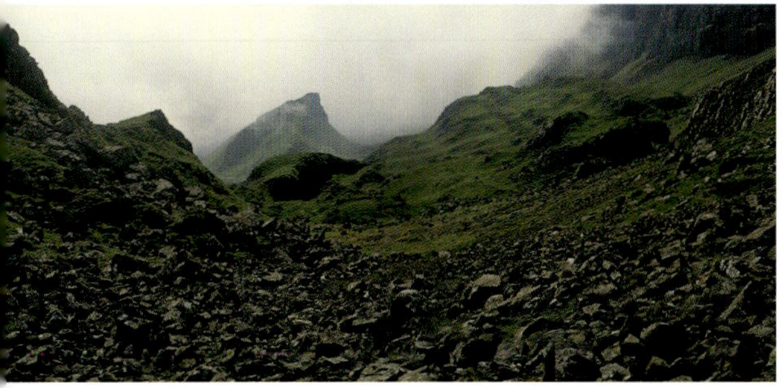
Quiraing

UNE TOURMENTE GÉOLOGIQUE

L'aiguille solitaire de 50 mètres de haut du Vieil Homme de Storr et d'autres blocs durs de basaltes sont perchés sur des pentes d'argile tendre. Ils ont vu le jour lorsque les glaciers du quaternaire se retirèrent. L'argile s'effondra ou fut emportée, les roches basaltiques glissèrent ou restèrent en de curieuses positions. A leurs pieds, un trésor (des bijoux et des pièces de monnaie du Xe siècle) a été découvert en 1891, certainement caché là par un contrebandier viking.

Non loin de là se dresse un autre théâtre de rocaille volcanique, celui de Quiraing. C'est un canyon spectaculaire de roches grises et de pinacles noirs, avec une table de gazon plate sur le sommet. Les formations particulières de cette étonnante ceinture de rocs portent des noms comme « la Table », « la prison » ou l' « Aiguille ».

Les habitants de l'île préfèrent voir en ce grand menhir de Storr un homme pétrifié par des géants pour avoir eu l'outrecuidance de soutenir leur regard. A ses côtés trône un rocher qui n'est autre que sa femme.

A GEOLOGICAL STORM

The solitary 50 metres high needle of the Old Man of Storr and other hard basalt blocks are perched on hillsides of soft clay. They were born when the glaciers of the Quaternary period withdrew. The clay collapsed or was washed away and the basalt cliffs slid or remained perched in peculiar positions. At their foot, a treasure trove was discovered in 1891 containing jewels and coins of the Xth century, most likely hidden there by a Viking smuggler.

Close by, stands an amphitheater of loose, volcanic stones. This is the Quiraing, a spectacular canyon of grey rock formations and black pinnacles with flat grassland at its summit. The particular formation of this astonishing belt of rock carries names such as "the Table", "the Prison" or "the Needle".

The inhabitants of the island visualize this big "standing stone" of Storr as a man petrified by giants for having been so presumptuousness as to look at them. Beside him, a rock which sits enthroned is none other than his wife.

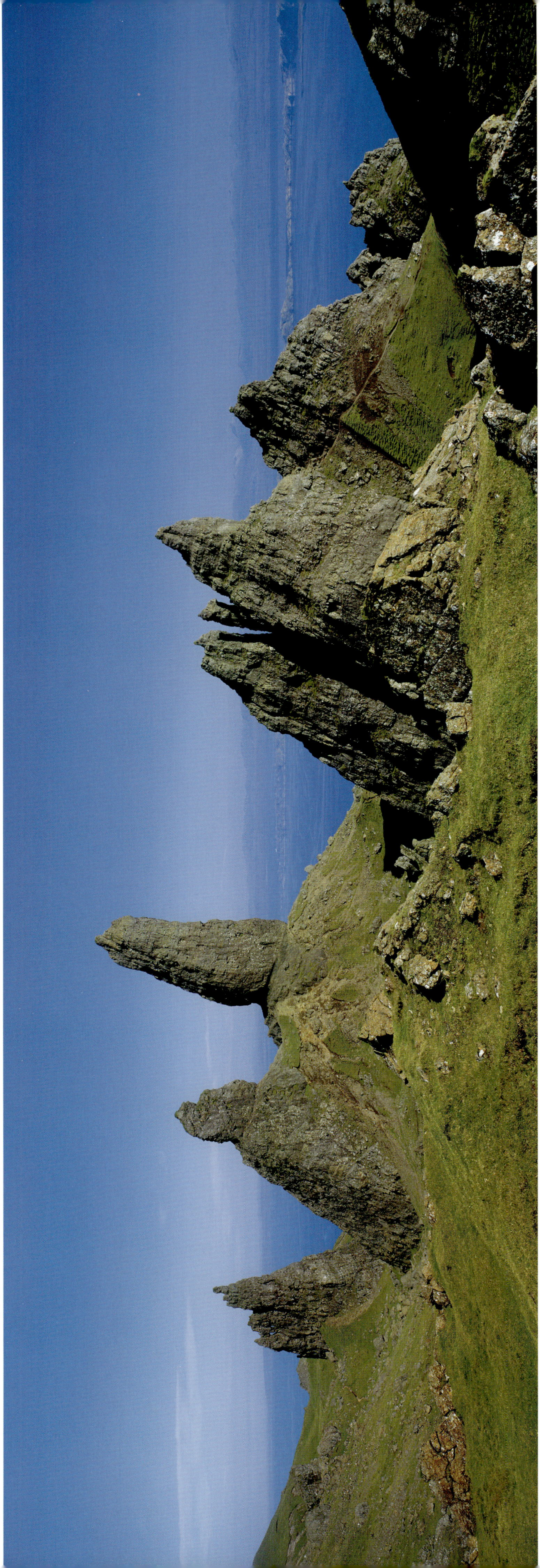

Ross

une côte ouest fragmentée | A fragmented west coast

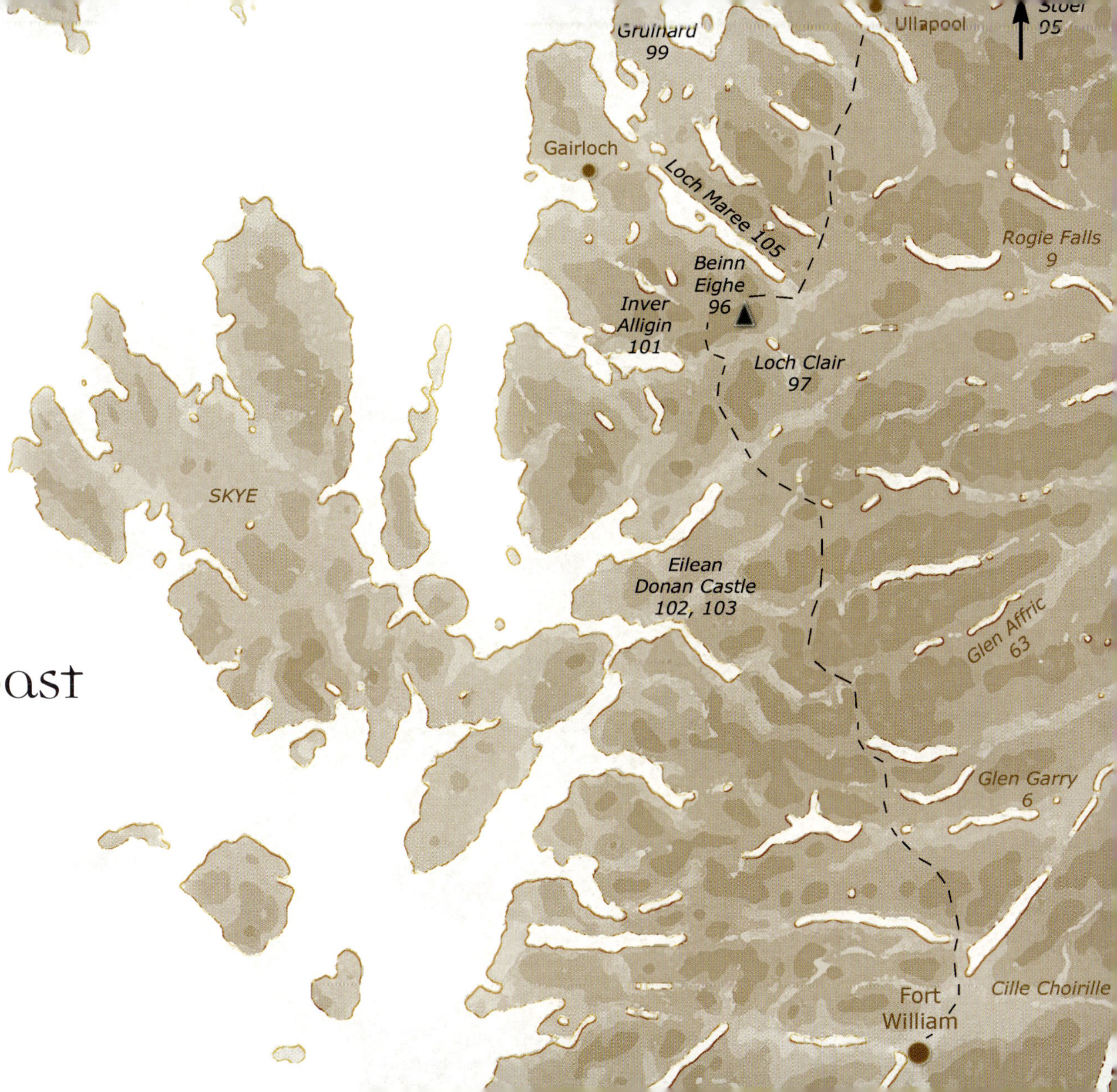

Au-delà de Skye, on entre dans l'ancien comté de Ross, « à l'écart de toute civilisation », pour reprendre les termes de la reine Victoria. La côte ouest est réputée pour la douceur de son climat, la majesté de ses lochs et de son relief – un plateau ondulé que ponctuent de spectaculaires pics isolés. Les formations géologiques primaires, travaillées par les glaciers, les marées, le vent incessant venant du nord-ouest et la pluie, ont donné un paysage côtier grandiose. Innombrables sont les récifs et les petites îles inhabitées en avant-garde des falaises vertigineuses ! Les promontoires contrastent avec les havres tranquilles des estuaires et des lochs maritimes, ces fjords écossais qui s'infiltrent loin à l'intérieur des terres.

Sur un cap désolé de cette côte austère et grandiose, se tient le phare de Stoer. Le gneiss lewisien gris du littoral laisse ici place au grès torridonien rouge. Les rebords de falaise et les crevasses, pris d'assaut par les franges d'écume des tempêtes, sont utilisés par une variété d'oiseaux de mer pour se multiplier. Et l'on voit régulièrement des baleines, des dauphins et des marsouins passer au large du phare.

Phare de Stoer : peu fréquenté, le sentier des douaniers sillonne presque tout le littoral écossais. Point de vue idéal sur les parois verticales des falaises, leurs colonies d'oiseaux de mer et leurs plantes adaptées aux conditions de vie extrêmes.

Beyond Skye, you enter the ancient county of Ross-shire, "far from civilization" to quote Queen Victoria. The west coast is famous for its mild climate, its majestic lochs and its relief – an undulating plateau marked with spectacular isolated peaks. The primary geological formations, made by glaciers, tides, the ceaseless northwesterly wind and rain, present a spectacular coastal landscape. Countless are the reefs and small uninhabited islands which are positioned offshore from vertiginous cliffs! The promontories contrast with the quiet harbours of estuaries and maritime lochs, these Scottish fjords which infiltrate far inland.

On a desolate cape of this austere and great coast, stands the lighthouse of Stoer. The grey Lewisian gneiss of the coast makes way for the red Torridonian sandstone. The edges of cliffs and crevices, assaulted by foaming storm waves, are used by a variety of water birds to breed. Regularly, you can see whales, dolphins and porpoises pass by the lighthouse.

Lighthouse of Stoer: rarely visited, the path of the customs officers covers almost the entire Scottish coast. An ideal viewpoint towards the vertical cliff walls and their colonies of hardy sea-birds and plants.

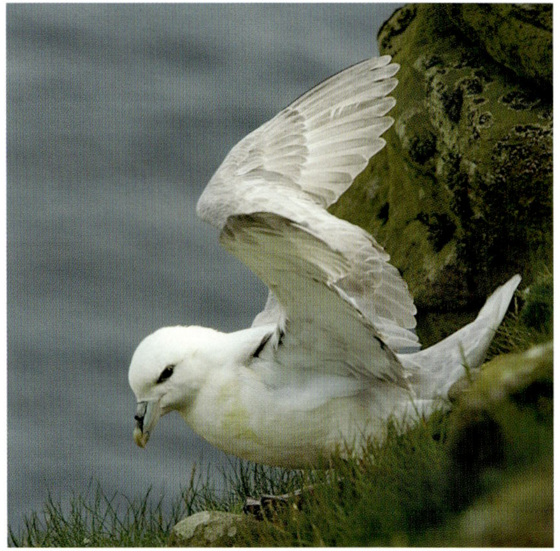

Pétrel fulmar — Fulmar

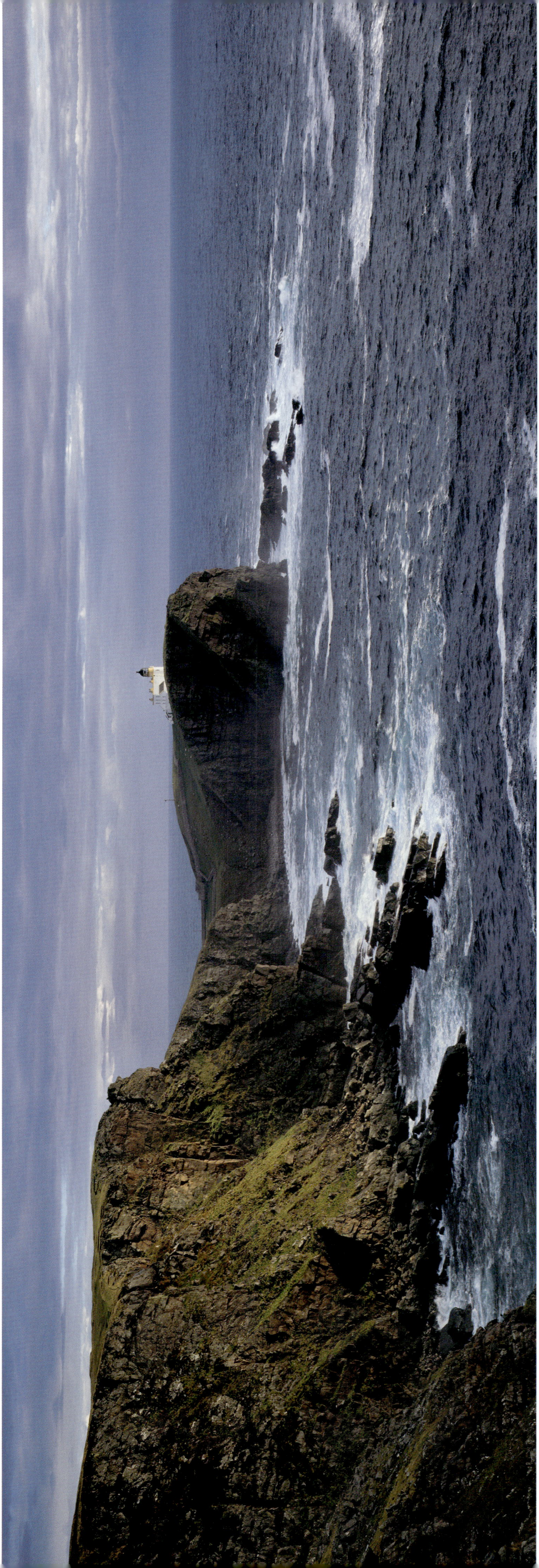

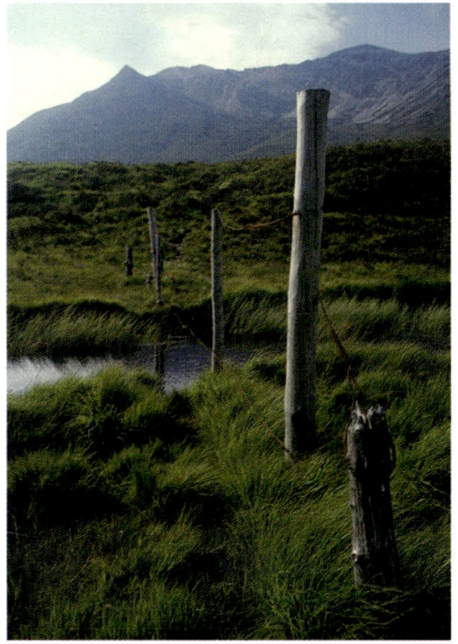

Passerelle — Footbridge

L'OMNIPRÉSENCE DE L'EAU

L'Ecosse est un pays d'eau cerné par la mer, assez étroit pour que l'on ne se trouve jamais à plus 65 kilomètres de la mer. A l'ouest, un large cordon de montagnes renfermant de nombreux lochs et rivières s'étend du sud au nord, délimité par une côte de 10 000 kilomètres, modelée par des vagues ravageuses et des vents violents.

Le Loch Clair est l'un des plus beaux sites de Beinn Eighe, aux pics de grès rouge torridonien (800 millions d'années) couronnés de quartzite blanc (510 à 550 millions d'années). Cette réserve naturelle est la plus ancienne de Grande-Bretagne et offre un refuge aux faucons, aigles royaux, martres, cerfs et chevreuils. Elle est bordée de pins calédoniens qui constituaient autrefois la principale espèce d'arbres en Écosse. En voie de disparition, ils font l'objet d'un programme de réimplantation.

Reflet du Liatach dans le Loch Clair. Nulle autre région d'Europe hormis la Norvège ne présente cette proximité des montagnes et de l'eau. Dunes, lacs, prairies littorales, vasières : d'innombrables milieux offrent des perspectives sur terre et sur mer d'une infinie variété.

THE OMNIPRESENCE OF WATER

Scotland is a country of water encircled by the sea, narrow enough that we are never more than 65 kilometres from the coast. To the west, a wide chain of mountains, containing numerous lochs and rivers, extends from south to north, bounded by 10,000 kilometres of coastline, modelled by ravaging waves and violent winds.

Loch Clair is one of the most beautiful sites of Beinn Eighe with peaks of red Torridonian sandstone (800 million years) crowned with white quartzite (510 to 550 million years). This nature reserve is the most ancient in Great Britain and offers a refuge to falcons, golden eagles, pine martens, red deer and roe deer. It is lined with Scots pines which formerly constituted the main species of trees in Scotland. In the process of disappearing, they are the object of a re-plantation programme.

The reflection of Liatach on Loch Clair. No other region of Europe, except Norway, shares this proximity of mountains to water. Dunes, lakes, coastal prairies, mudflats: countless environments offer an infinite variety of perspectives of land and sea.

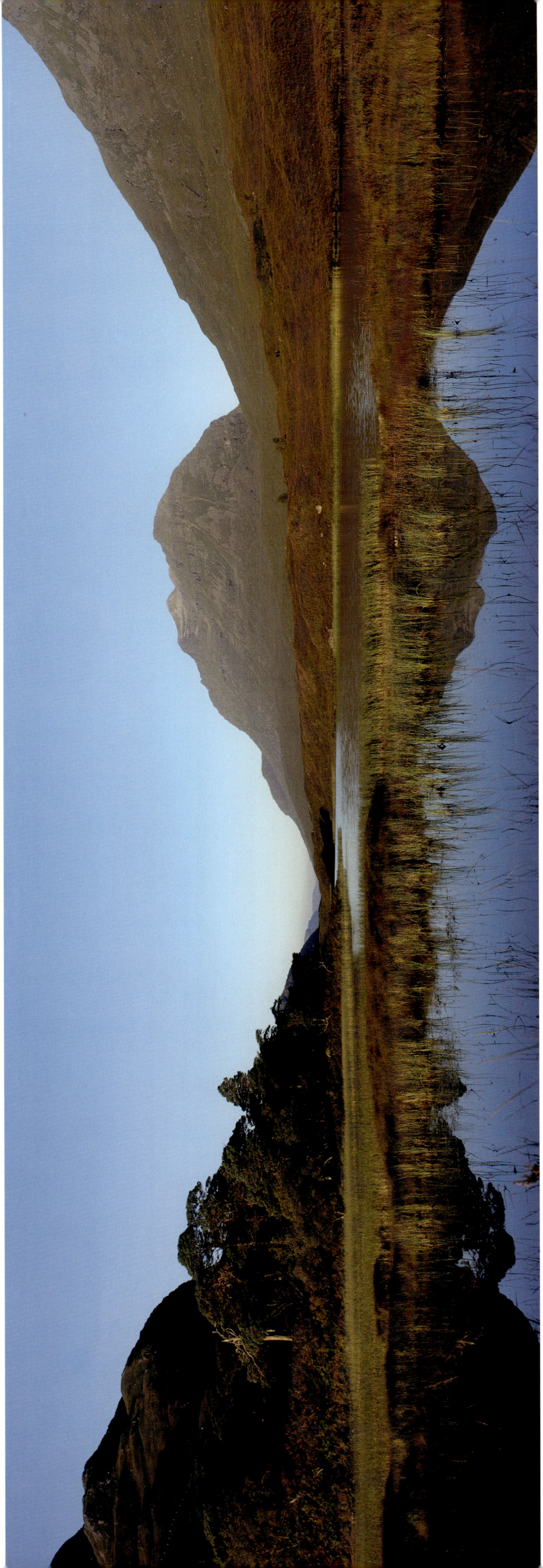

UNE EXPLOSION DE VIE

Le littoral écossais et les petites îles transformées en réserves naturelles qui s'en détachent n'ont pas trop souffert de grosses pollutions pétrolières, ni subi une pression de chasse ou une fréquentation trop élevée. Il offre une grande diversité de milieux écologiques, permettant l'épanouissement d'une faune et d'une flore remarquablement riches. Ses eaux sont parmi les plus poissonneuses du monde. A l'automne, des millions d'oiseaux marins, hivernants ou migrateurs, viennent s'y nourrir afin de survivre à l'hiver, ou pour continuer un long voyage vers l'Afrique. Chaque printemps, d'autres viennent s'y reproduire à terre. Il n'est pas rare de voir s'y ébattre phoques et otaries.

Au milieu de cette baie ourlée de plages de sable fin se dresse l'île minuscule de Gruinard, site d'expérimentation bactériologique de la Seconde Guerre Mondiale. 80 moutons sont morts après qu'une bombe remplie de spores du virus de l'anthrax ait éclatée. La conclusion de l'essai était qu'un dégagement à grande échelle des spores pourrait rendre une ville inutilisable pendant des décennies. L'île fut décontaminée à la fin des années 1980, mais personne n'y habite... sinon quelques moutons.

Des criques rocheuses et du sable rose caractérisent la baie de Gruinard. Les paysages sont merveilleux de couleurs : quartzites étincelants se mélangeant avec le grès rouge, vert de quelques prairies d'herbe, bleu du ciel...

AN EXPLOSION OF LIFE

The Scottish coast and its small, break-away islands, which form a multitude of mini nature reserves, remain untainted from pollution, fieldsports or tourism. The coast offers a wide variety of ecological environments, allowing a strikingly rich fauna and flora to bloom. Its waters are among the most populated with fish in the world. In autumn, millions of sea birds, winter visitors or migrants, come here to feed in order to survive winter, or to continue their long journey towards Africa. Every spring, many others come ashore to reproduce. It is not rare to see cavorting seals and sea lions.

In the middle of this bay hemmed with fine sandy beaches stands the tiny island of Gruinard, the site of bacteriological experiments during the Second World War. 80 sheep died after a bomb filled with anthrax spores burst. The conclusion of the test was that a large-scale release of spores could render a city unusable for decades. The island was disinfected at the end of 1980s, but nobody lives there ... except for a few sheep.

Rocky creeks and pink sand characterize the bay of Gruinard. The landscape has magnificent colours: sparkling quartzites mixed with red sandstone, the green of grass, the blue of the sky ...

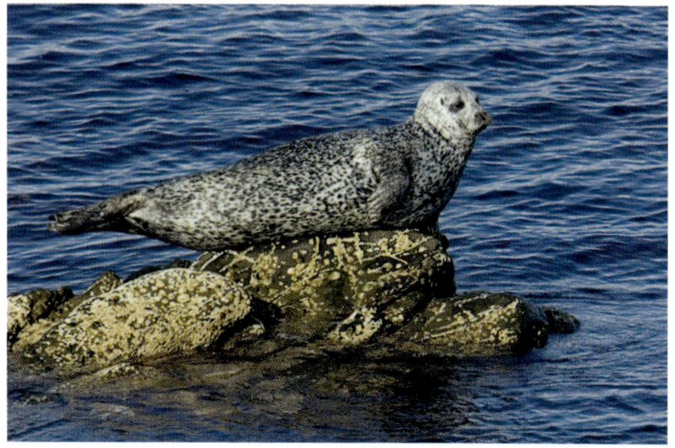

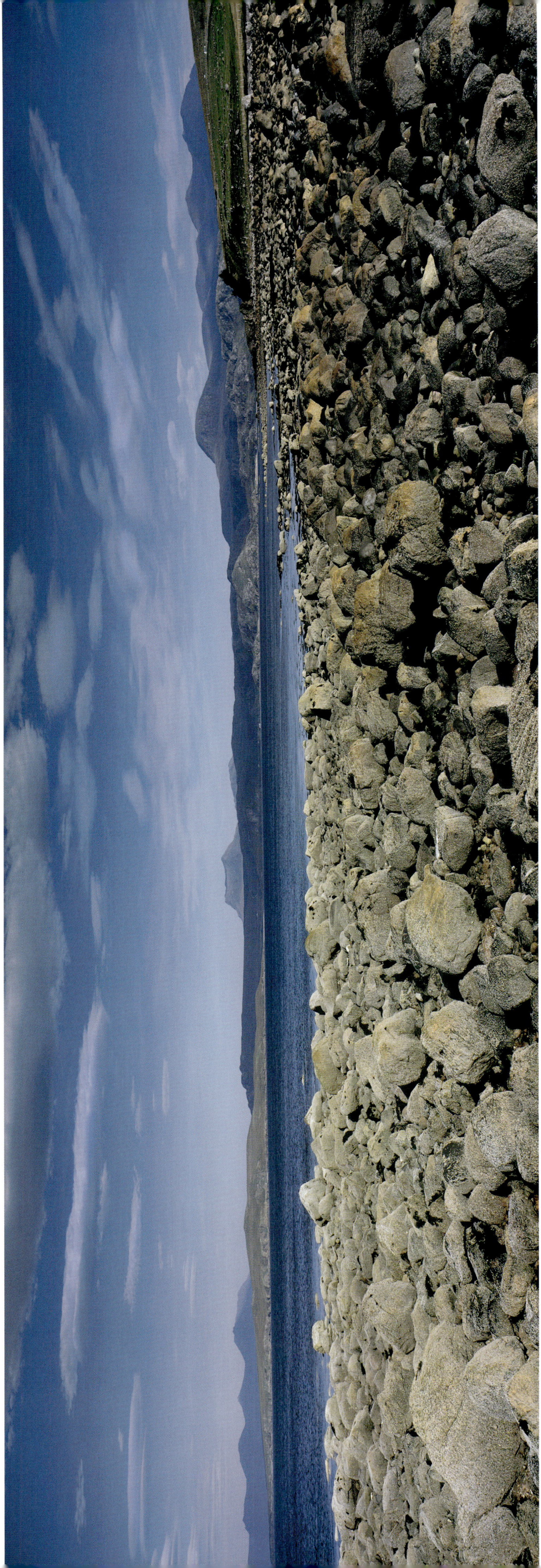

ESTUAIRES ET LOCHS MARITIMES

Le Loch Torridon est entouré de montagnes parmi les plus anciennes d'Europe, vieilles d'un milliard d'années. Elles sont découpées en terrasses marines, traces d'anciennes marées. Autrefois toute l'Ecosse était recouverte de forêt. Désormais, il est courant de découvrir dans une zone appelée « forêt de... », ici « Beinn Damph forest », une étendue de collines nues. Les termes kyle et firth désignent les embouchures des rivières et des fleuves. Les lochs maritimes, à l'instar des fjords norvégiens, sont des vallées glacières envahies par l'océan. Ces milieux cachent une mosaïque d'habitats, où la vie rythmée par les marées côtoie souvent une activité humaine importante.

Des trouées de lumière soudaines, éclairent ce paysage, géométrie savante de pierres et d'eau.

ESTUARIES AND MARITIME LOCHS

Loch Torridon is surrounded by mountains amongst the oldest in Europe, one billion years old. They are cut in sea terraces, leaving traces of former tides. Previously all of Scotland was covered with forest. Nowadays, it is common to discover in a zone called "forest of", here "Beinn Damph forest", an area of bare hills. The terms kyle and firth indicate river mouths. The maritime lochs, following the example of the Norwegian fjords, are glacial valleys invaded by the ocean. These areas hide a mosaic of habitats where marine life, determined by the rhythm of the tides, is harmonious with important human activity.

Sudden beams of light illuminate this landscape, an intricate geometry of stone and water.

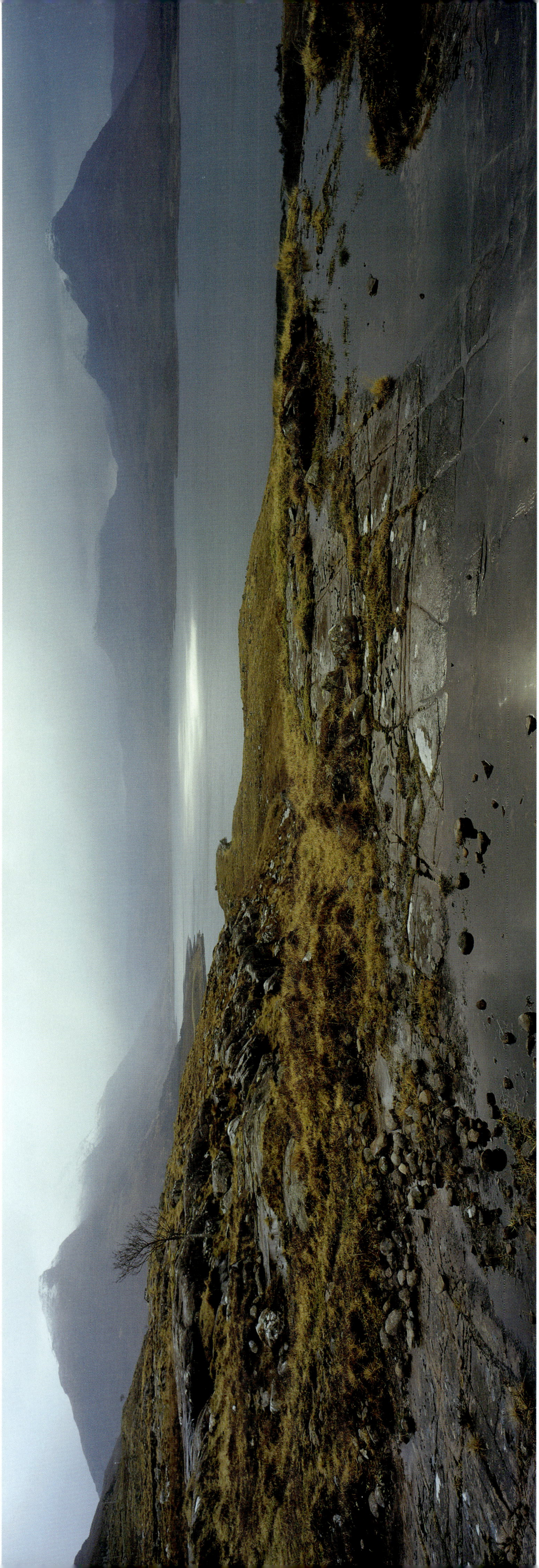

LACS ET CHÂTEAUX LÉGENDAIRES

Construit sur un îlot portant le nom d'un ermite celte du VIe siècle, le château de Donan est accessible par un pont étroit où se rencontrent trois lacs : Long, Alsh et Duich. Il a succédé à un fort préhistorique pour contrer les attaques vikings et protéger les rois d'Ecosse. Vu à distance, dans son site pittoresque de montagnes et de lacs, le château restauré a gardé l'aspect que lui connurent ses occupants du Moyen Age (1220).

Dans la mythologie celtique, à peu près chaque lac avait son serpent de mer, son taureau amphibie ou son malveillant kelpie. En Ecosse, où les vieilles légendes survivent, cet esprit malin aquatique peut prendre plusieurs formes : celle d'un « cheval de l'eau » prêt à noyer son imprudent cavalier, ou celle d'une aguichante baigneuse invitant le pêcheur au plongeon fatal. Il y a de fortes chances pour que le monstre du Loch Ness soit un kelpie. Quant aux apparitions de ces reptiles géants, un phénomène très rare pourrait les expliquer. Les lochs étaient autrefois bordés d'antiques forêts de pins. Leurs troncs tombés dans le lac, séjournent dans ses hauts fonds. L'altération du bois dans l'eau, qui s'accompagne de « fuite de gaz », peut en remettre à flot. Leurs remontées sont alors très lentes et, une fois vidés et redevenus plus lourd que l'eau, ils replongent vers le fond...

Le château de l'île Donan rendu célèbre par de nombreux films (Highlander, Le monde ne suffit pas) est certainement le plus photographié d'Ecosse.

LAKES AND LEGENDARY CASTLES

Built on an islet named after a Celtic hermit of the VIth century, Eilean Donan Castle is accessible by a narrow bridge at the confluence of three lakes: Loch Long, Loch Alsh and Loch Duich. It succeeded a prehistoric fort built to counter Viking attacks and protect the kings of Scotland. Seen from a distance, in a picturesque setting of mountains and lakes, the restored castle maintains the same appearance which its occupants knew in the Middle Ages (1220).

In Celtic mythology, almost every lake had a "water snake", an amphibian bull or its malevolent "kelpie". In Scotland, where old legends survive, this aquatic, evil spirit can take several forms: that of a "water horse" ready to drown its careless rider, or that of an enchanting swimmer inviting fisherman to take a fatal dive. There is a strong chance that the Loch Ness Monster is a kelpie. A very rare phenomenon could explain the appearances of these "huge reptiles". Lochs were formerly lined with ancient pine forests. The fallen trunks would reside in the depths of the lake. The deterioration of the wood in water, accompanied by a release of gases, can cause the trunks to float to the surface. The ascent is very slow and, once emptied, they once again become heavier than the water and sink back towards the bottom ...

The castle of the Island of Donan made famous by numerous films (Highlander, The World is not Enough) is certainly the most photographed in Scotland.

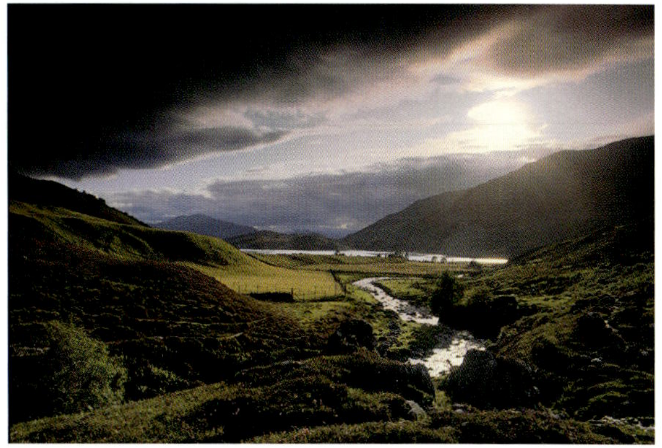

Dornie

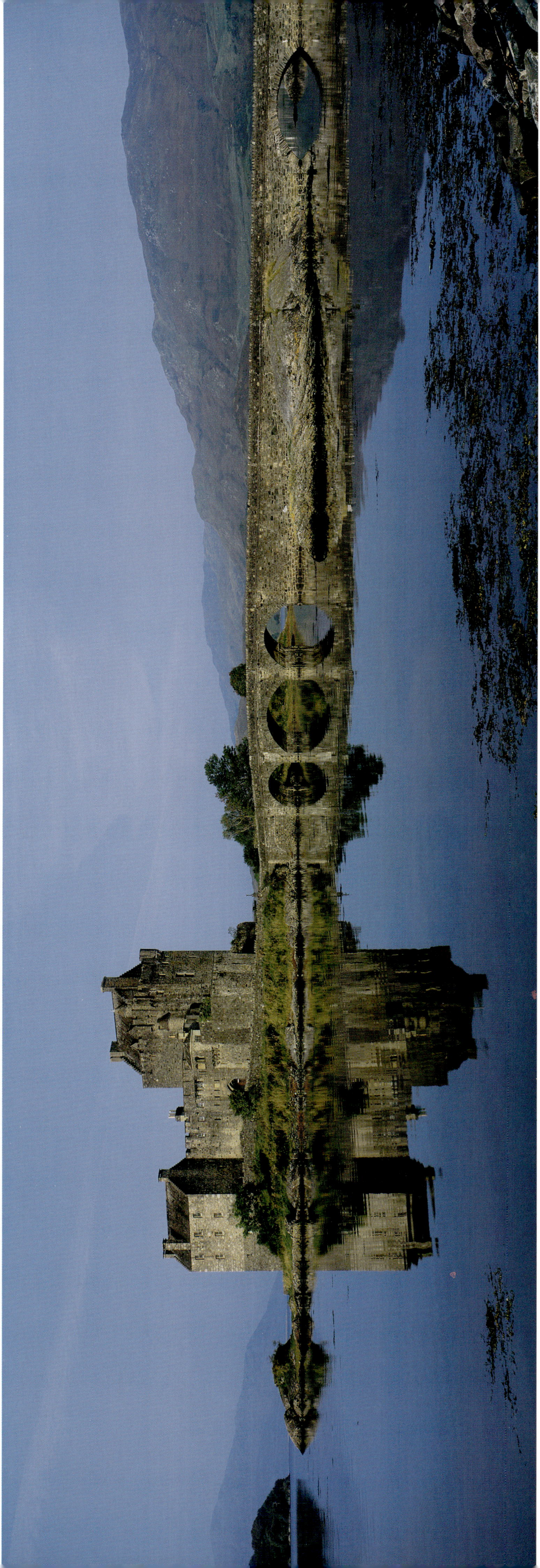

UN PAYS DE ROCHES

Rochers tantôt plissés, tailladés, empilés, érodés, tantôt gris, roses, blancs, noirs, oranges. Granit usé par les intempéries, blocs erratiques déposés par les glaciers, crêtes de gneiss, coulées de laves basaltiques refroidies, grès torridonien rouge texturé, de toutes formes et de toutes tailles... Le tri se fait entre ceux que rebute une prétendue inhospitalité et ceux que l'austérité de la pierre n'effraie pas. Il faut en effet l'aimer pour comprendre ce pays et apprécier sa beauté sévère, sa désolation, son dépouillement et ses couleurs mornes. Aucune menace pourtant, seulement une grandiose indifférence. Cette terre n'a pas de maître et reste tout à fait réfractaire à l'ordre humain. Elle n'obéit, depuis l'aube des temps, qu'au vent, l'eau et la glace.

Les remparts du Slioch s'élèvent au-dessus du Loch Maree comme un énorme château-fort. C'est une montagne élémentaire avec si peu de végétation qui la recouvre qu'on semble voir son squelette : des couches horizontales de grès rouge qui s'effritent en éboulis de blocs erratiques jusqu'aux moraines glaciaires.

A COUNTRY OF CLIFFS

Rocks may be folded, shattered, piled, or eroded and also grey, pink, white, black or orange. There are granites worn by stormy weather, erratic deposits of glaciers, crests of gneiss, flows of cooled basalt lava, layers of red textured Torridonian sandstone; many rocks and of all forms and sizes. The distinction is made between those who cannot warm to the inhospitality of stone and those who are not scared by its austerity. It is indeed necessary to love stone to understand this country and appreciate its rugged beauty, its desolation, its sobriety and its sombre colours. There is no threat , only a huge indifference. This territory has no master and has always resisted to human order. Since the dawn of time it has only obeyed wind, water and ice.

Slioch's ramparts rise over Loch Maree like an enormous fortress. It is an elementary mountain with so little plant cover that its skeleton is left apparent: the horizontal layers of red sandstone crumble in a mass of erratic blocks all the way to the glacial moraines.

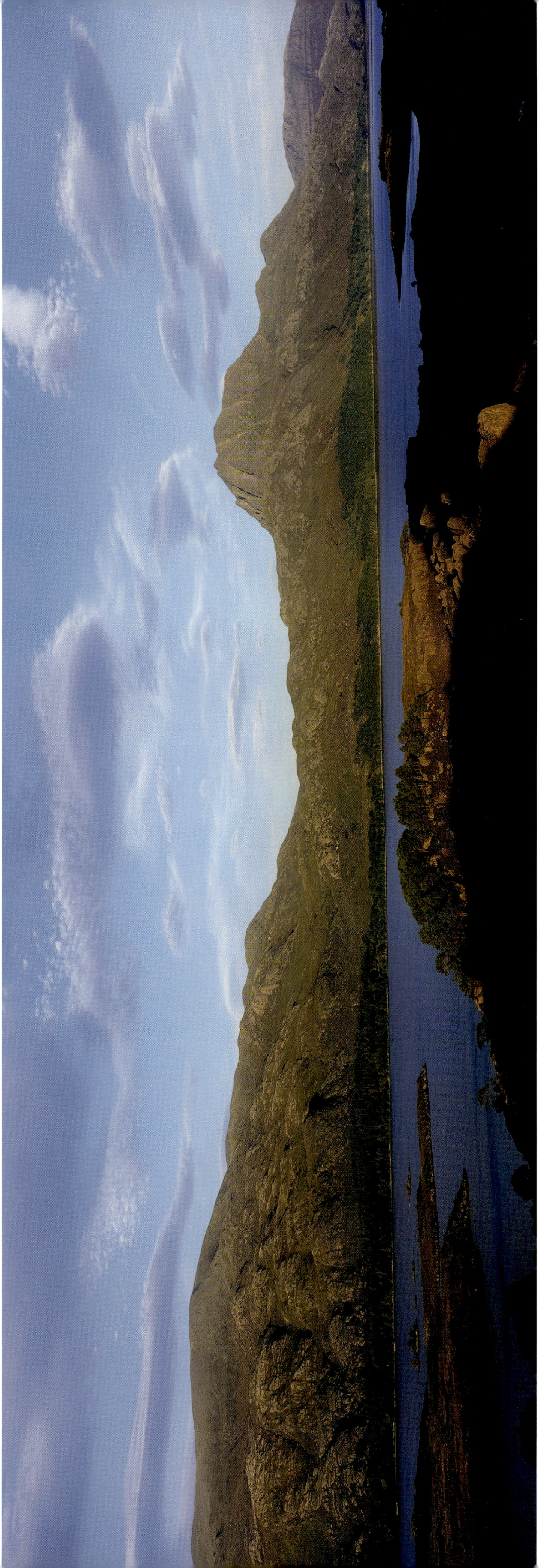

Sutherland

un grand désert en Europe | A Large Desert in Europe

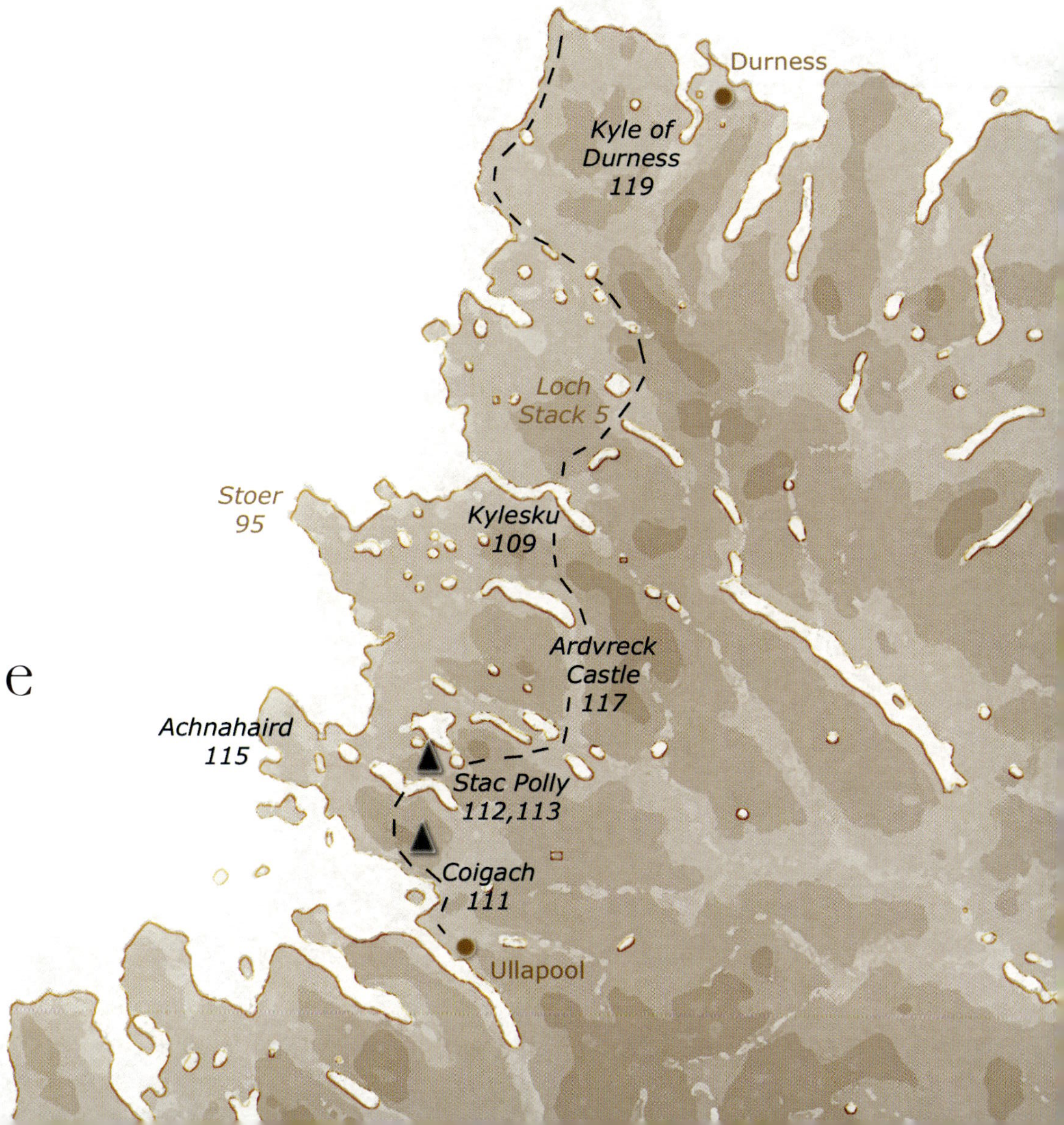

C'est imperceptiblement que la côte nord se transforme : les lochs de mer et les promontoires rocheux flanqués de collines sont toujours là mais on ne rencontre plus de rangées de chaînes de montagnes séparées par des vallées encaissées profondes comme plus au sud. Sous le ciel grand ouvert, de multiples lacs jalonnent les landes découvertes et les marécages tourbeux. L'eau vive des rivières frissonne sur la tourbe entre les bruyères et les touffes d'herbes rêches. Ici, les montagnes majestueuses sont plus entremêlées d'eau que partout ailleurs en Ecosse.

Cette immensité vide, désolation pour les uns, espace de liberté pour les autres, impose un sentiment d'humilité au voyageur. Les quelques traces habituelles de l'activité humaine semblent bien timides et isolées au sein d'un tel paysage. Terres pelées, sauvages et perdues, baignées d'un silence total, qui creusent encore plus l'espace autour de soi. Nous voici enfin dans la région la plus sauvage et la moins peuplée d'Europe.

Au nord-ouest s'étend un large cordon de montagnes nues dominant la lande comme des dinosaures dormants. Il est délimité par une côte sauvage et déchiquetée, bordée d'une myriade de petites îles inhabitées. La route qui mène à l'extrême nord de l'Ecosse serpente entre des rochers érodés et polis par les milliers d'années d'activité glaciaire.

The north coast transforms imperceptibly: sea lochs and rocky points flanked by hills are always there, but we no longer meet rows of mountain ranges separated by deep valleys as in the south. Under the large open sky, multiple lakes mark out the bare moors and peatbogs. The running water of rivers shimmer on the peat between clumps of heather and rough tufts of grass. Here, the majestic mountains are more intermingled with water than anywhere else in Scotland.

This vast emptiness; desolation for some, spaces of freedom for others, imposes a feeling of humility upon the traveller. The few traces of normal human activity seem very modest and remote in such a landscape. Exposed lands, wild and lost, bath in total silence and amplify our immediate surroundings. Here we are at last in the wildest and least populated region of Europe.

To the northwest extends a wide chain of bare mountains, dominating the moor like sleeping dinosaurs. It is bounded by a wild and rugged coast which is lined with a myriad of small, uninhabited islands. The road which leads to the extreme north of Scotland winds through the rocky landscape eroded and polished by thousands of years of glacial activity.

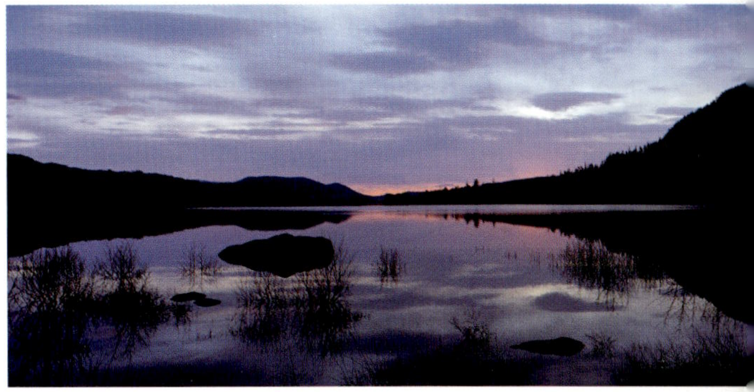

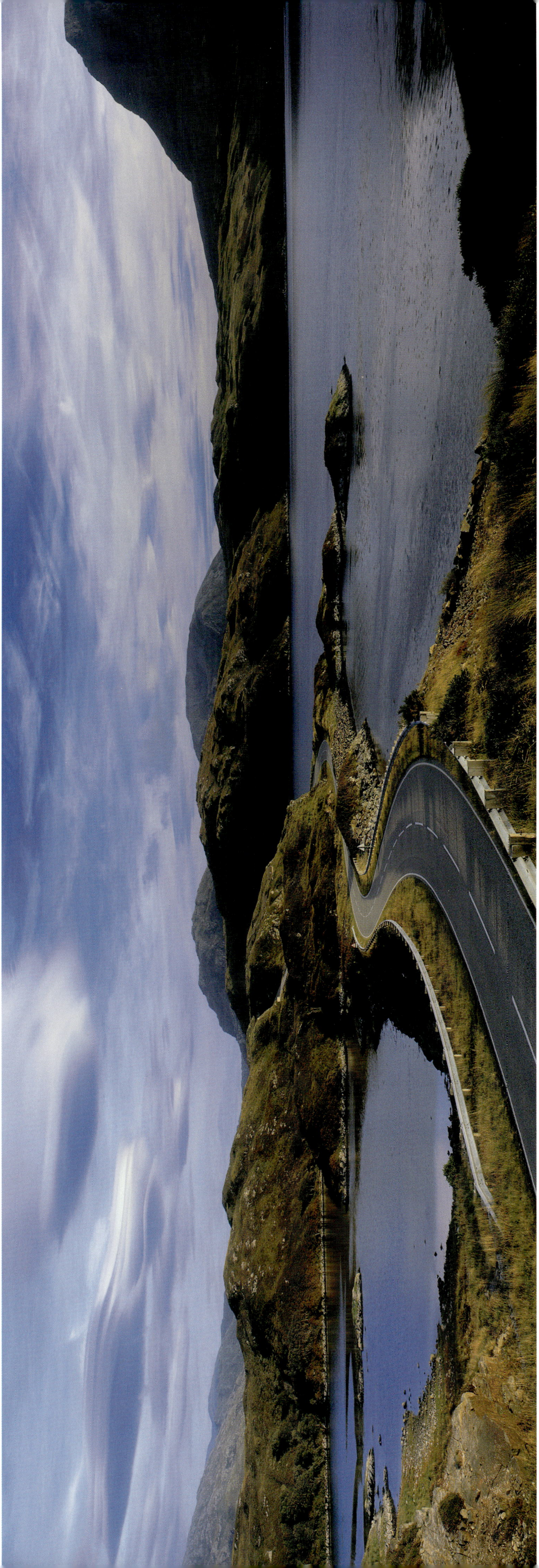

LES ROCHES LES PLUS VIEILLES DU MONDE

L'Ecosse est avant tout un paysage géologique puissant et extraordinairement varié pour sa petite taille. La minéralité s'impose et trahit un passé de résistances, d'usures, de dynamiques et de forces. Son sol offre un terrain de recherche et de méditation de premier ordre. Il n'est pas étonnant que « le père de la géologie moderne », dont la « Théorie de la Terre » parut à Edimbourg en 1788, soit un écossais : James Hutton.

Dans le nord-ouest, la terre est composée de vieux gneiss lewisien daté de 3 milliards d'années, époque où est apparue la vie dans les océans. Ces débris minéraux cimentés par fusion dans les profondeurs terrestres ont surgi à la surface pour donner ce paysage de mamelons gris, usés par la glace, au creux desquels se lovent les eaux froides de petits lacs.

L'Ecosse fut à l'origine une partie immergée du continent nord-américain qui dériva pendant 600 millions d'années au niveau de l'équateur. Sur ce fond sous-marin se sont posées, il y a un milliard d'années, des couches de roches sédimentaires, le grès torridonien qui est à l'origine un mélange de sable et de boue transporté par les rivières des terres émergées continentales.

Dans la réserve d'Inverpolly (11 000 ha) comme celle de Beinn Eighe, le relief consistant en des tours de grès rougeâtres surgit d'un plateau roux et morne, griffé d'échines de pierres rêches en gneiss gris.

THE OLDEST ROCKS IN THE WORLD

Scotland is above all a powerful geological landscape, extraordinarily varied for its small size. The high concentration of minerals displays and betrays a past of resistance, erosion, dynamics and forces. Its ground offers primary terrain for research and meditation. It is not surprising that "the father of modern geology," James Hutton, whose "Theory of the Earth" was published in Edinburgh in 1788, was a Scot.

In the northwest, the ground consists of old Lewisian gneiss dating from 3 billion years, just as life began to appear in the oceans. These mineral fragments, cemented by deep core fusion, broke through the surface to give this grey, nippley landscape. Little lakes of cold water nest in the curves of glacial hollows.

Scotland was originally a submerged part of the North American continent which formed over 600 million years at the level of the equator. A billion years ago, layers of sedimentary rock settled on this seabed. This is Torridonian sandstone which was originally a mixture of sand and mud transported by rivers from the emerging continental land.

In the Inverpolly reserve (27,000 acres) similar to that of Beinn Eighe, the relief consists of towers of reddish sandstone rising up from a red plateau and a dull, scarred backbone of rough rocks of grey gneiss.

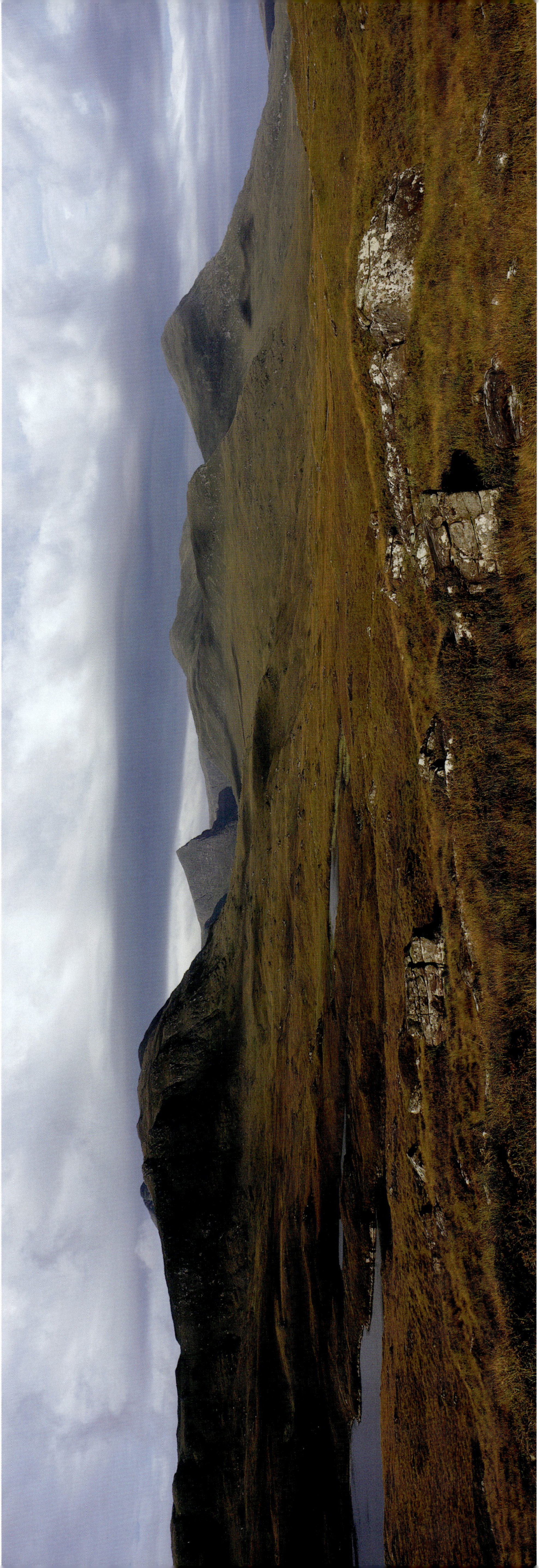

LE PLISSEMENT CALÉDONIEN

Emergée il y a 500 millions d'années, l'Ecosse finit par entrer en collision voilà 400 millions d'années avec l'Angleterre, refermant l'océan Iapetus qui séparait l'Amérique du Nord et l'Europe. Lors de ce grand plissement « calédonien », de grandes quantités de granit en fusion surgirent à travers les schistes (argiles compressées) et les quartzites (grès compactés) des failles des Highlands et formèrent alors des montagnes aussi hautes que les Alpes. Un seul continent existait alors, la Pangée.

Néanmoins les mouvements tectoniques du tertiaire (vers 60 millions d'années) ont provoqué de gigantesques cassures orientées sud-ouest nord-est, entraînant l'affaissement, le déplacement ou la surrection de blocs puissants qui ont fragmenté l'énorme cuirasse calédonienne. Lors de cette période très volcanique sur la côte ouest des Highlands, l'Amérique s'est séparée de l'Ecosse et l'Océan Atlantique s'est mis en place.

Les rocs de grès torridonien d'Assynt et de Coigach sont uniques en Ecosse, s'élevant brusquement dans le paysage, chacun avec sa forme distinctive. Ils témoignent du formidable bouleversement de la croûte terrestre. Stac polly, avec sa crête déchiquetée, est probablement le plus reconnaissable et le plus populaire.

THE CALEDONIAN FOLD

Emerging 500 million years ago, Scotland eventually collided with England 100 million years later, closing the Iapetus Ocean which separated North America and Europe. During this big "Caledonian" fold, huge quantities of fused granite crossed through the schist (compressed clay) and quartzite (compacted sandstone) of the Highland faultline and formed mountains as high as the Alps. A single continent existed then, Pangea.

Nevertheless, the tectonic movements of the tertiary period (about 60 million years ago) provoked gigantic rifts aligned from southwest to northeast. This resulted in the collapse, movement or surrection of powerful blocks which split up the enormous Caledonian shell. During this highly volcanic period on the west coast of the Highlands, America separated from Scotland and the Atlantic Ocean was established.

The Torridonian sandstone peaks of Assynt and Coigach are unique in Scotland, rising abruptly in the landscape, each with its own distinctive shape. They testify to the tremendous upheaval of the earth's crust. Stac Polly, with its jagged crest, is probably the most recognizable and the most popular.

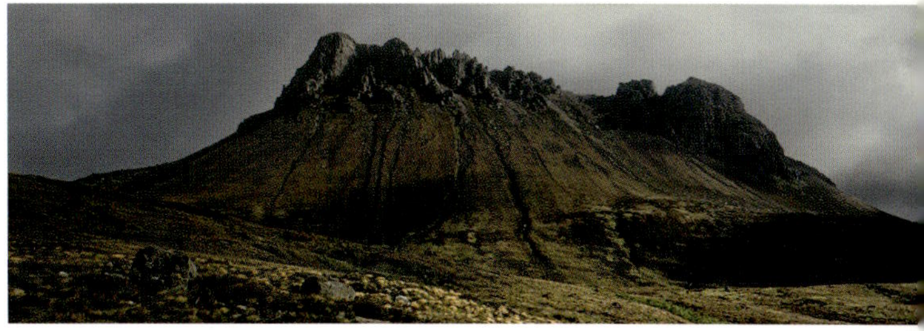

Stac Polly

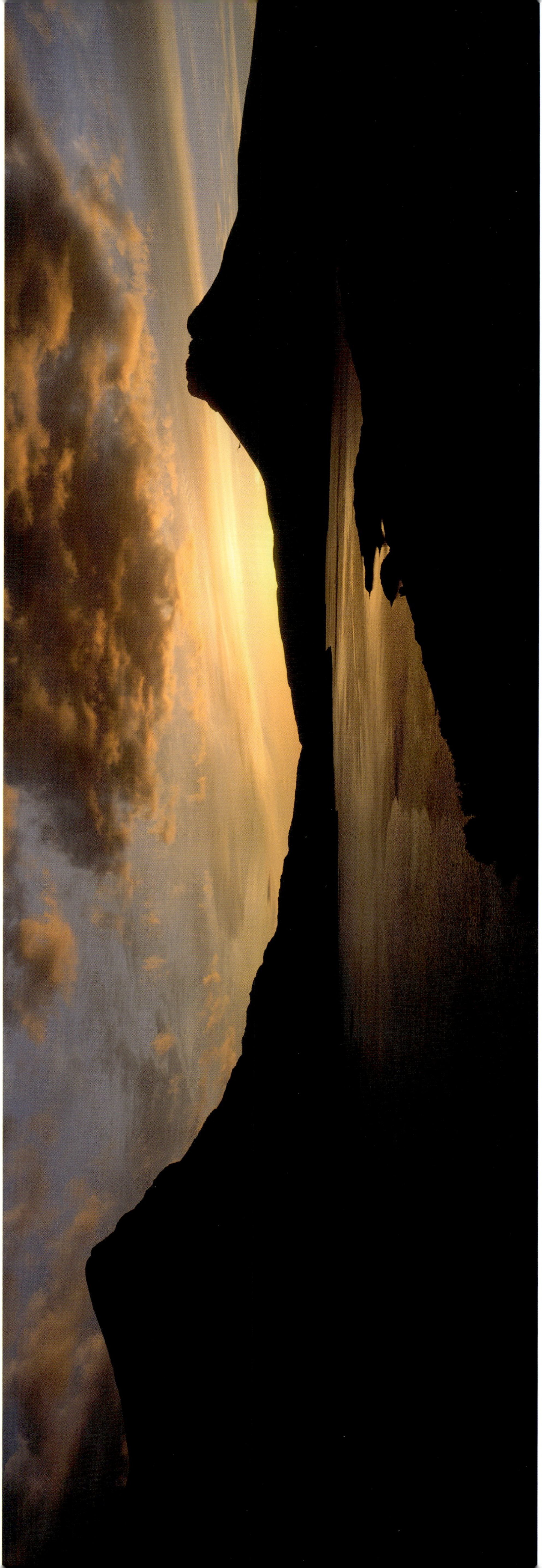

L'EMPREINTE DES GLACIERS

A l'époque glaciaire, durant les deux derniers millions d'années, les collines étaient recouvertes d'un immense glacier bleu, épais de 2 000 mètres, nourri par toutes les rivières de glace qui coulaient dans les vallées, charriant rocs, sables et graviers.

Ces immenses rabots géologiques jouèrent ainsi le rôle d'agents de révélation en aplanissant le grès rouge torridonien, creusant les vallées jusqu'à la roche dure ! Il ne reste plus que quelques colonnes et massifs isolés aux formes fantastiques. Sur le sommet d'un mont particulièrement érodé apparaît même parfois un dôme de gneiss étincelant, révélant ainsi le socle originel.

Puis arriva le grand dégel. Il y a environ 10 000 ans, les derniers glaciers finirent de fondre lentement, laissant un paysage ravagé, quelque chose comme une toundra. Sur les flancs abrupts aux sols gorgés d'eau des nombreux vallons (auges glaciaires en forme de U) l'appel du vide se fit sentir. Le stade post glaciaire équivalut en Ecosse à une phase de détente des matériaux, qui provoqua d'énormes glissements de terrains, bloquant des vallées où l'eau s'accumula en lochs profonds, tandis que sur les surfaces arasées des crêtes, l'imperméabilité du bouclier favorisa la naissance de petits lacs. Ce modelage récent est responsable des paysages typiques des Highlands que l'on peut admirer aujourd'hui.

La vieille couverture sédimentaire de grès, burinée pendant des millions d'années par le gel, le vent et l'eau, s'est maintenue par lambeaux surgissant au-dessus du bas plateau côtier comme des pyramides dans le désert : Cul Mor, Stac Polly, Cul Beag, Ben More Coigach...

THE IMPRINT OF THE GLACIERS

At the time of the ice age during the last two million years, the hills were covered with an immense blue glacier 2,000 metres thick, which was fed by rivers of ice running through valleys and transporting rocks, sand and gravel.

In this way, these immense geological planes played a revealing role by levelling the red Torridonian sandstone, and digging valleys into the hard rock! There remain only a few fantastically shaped columns and isolated peaks. At the summit of a heavily eroded mountain, sometimes a dome of glistening gneiss appears, so revealing the original plinth.

Then the big thaw arrived. Approximately 10,000 years ago, the last of the glaciers slowly melted away, leaving behind a ravaged landscape, something like a tundra. On steep hillsides with soil heavily watered by numerous U-shaped glacial troughs, a feeling of vertigo is easily sensed. In Scotland, the post-glacial era amounted to a phase of material stress, provoking enormous landslides which blocked valleys and caused water to accumulate in deep lochs. Elsewhere, on levelled summits, the impermeability of the shield favoured the formation of small, surface lakes. This recent modelling is responsible for the typical landscape of the Highlands which we can admire today.

The old covering of sedimentary sandstone, eroded over millions of years by frost, wind and water, today takes the form of outcrops rising high above the low coastal plateau like pyramids in the desert: Cul Mor, Stac Polly, Cul Beag, Ben More Coigach ...

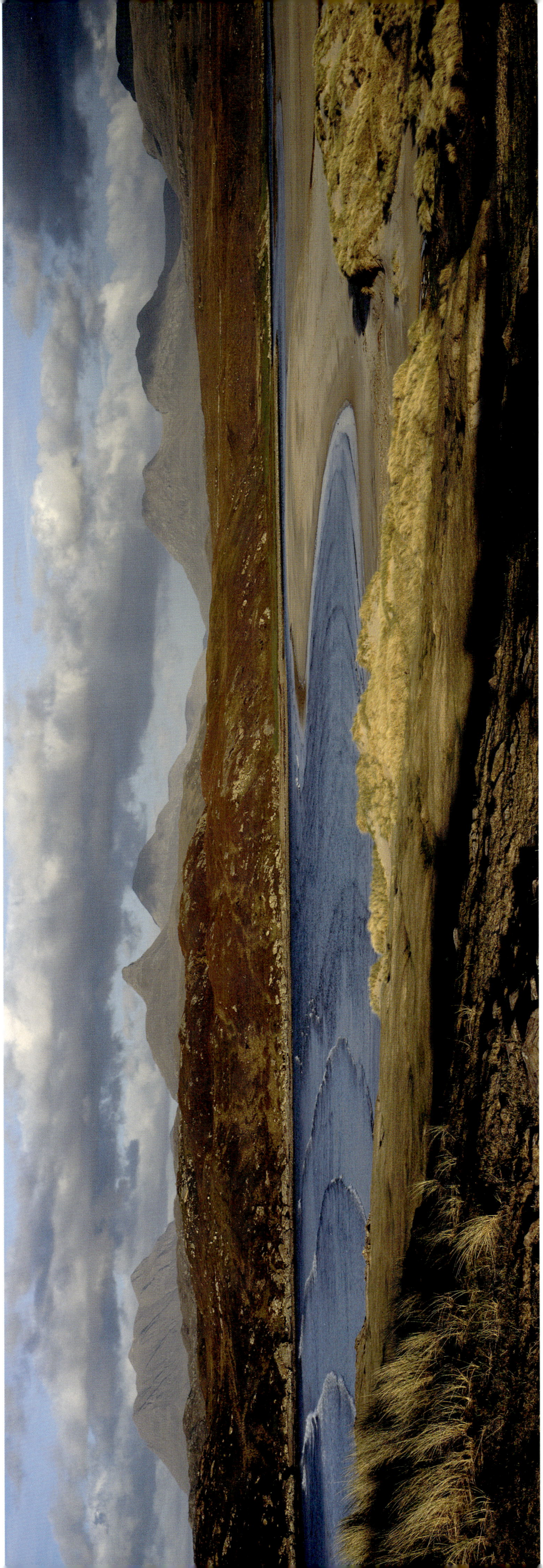

LA TOURBIÈRE, UNE PATIENCE CONSTRUCTIVE

L'Ecosse est couverte aux trois quarts de marécages, de rochers et de lande à bruyère, dont 800 000 hectares de tourbières acides. On les trouve dans les régions humides et froides, sur les sols lessivés peu fertiles et gorgés d'eau. Telle une peau, la tourbe colle au relief. Elle se forme par accumulation progressive de débris végétaux (les mousses croissent sur les cadavres de leurs congénères) qui pourrissent très lentement en raison de l'humidité, de l'absence d'oxygène et faute de micro-organismes dans ce milieu acide à souhait. Au rythme d'environ 1 millimètre par an, elle forme au fil des millénaires, des couches de plusieurs mètres d'épaisseur.

L'exploitation ancestrale de la tourbe pour se chauffer était limitée aux besoins locaux et respectait l'écosystème car le prélèvement ne dégradait pas la partie vivante de la tourbière. Elle contraste avec l'exploitation industrielle du tapis tourbeux où plusieurs centaines d'hectares sont drainés pour l'extraction mécanisée de millions de mètres cubes de tourbe : elle est utilisée comme substrat en horticulture, pour sa richesse en matière organique non décomposée et sa forte capacité de rétention de l'eau.

On trouve dans les tourbières une flore et une microfaune venues des pays froids, réfugiées là depuis la fonte des glaciers, il y a 12 000 ans. La tourbe, grâce à sa composition chimique particulière, permet de conserver intacts des objets, des restes végétaux, animaux ou humains. L'avenir de ces paysages antiques et presque parmi les plus naturels, dont l'histoire entière est stockée dans la tourbe, est probablement le tourisme tourné vers la faune et la flore.

Le surpâturage occasionné par les grands herbivores favorise la prolifération de l'herbe au détriment de la bruyère et entraîne l'érosion du manteau de tourbe.

THE PEAT BOG, CONSTRUCTIVE PATIENCE

Three quarters of Scotland is covered in marshlands, rocks and heather moors, including 2,000,000 acres of acid peat bogs. We find them in cold and humid regions, where the ground is waterlogged and the soil infertile. Like a skin, the peat clings to the relief. It is formed by progressive accumulation of plant fragments (mosses growing on the corpses of their own kind) which rot very slowly because of the humidity, the absence of oxygen and the lack of micro-organisms in this acid-rich environment. Over the course of millenniums, layers several metres thick have formed at a rate of approximately 1 millimetre per year.

The ancestral exploitation of peat for heating was limited to local needs and respected the ecosystem, because selective peat cutting did not degrade the developing part of the peat bog. This contrasts with the industrial exploitation of the peaty carpet, where several hundreds of hectares are drained for the mechanical extraction of millions of cubic meters of peat. This is used as a substrate in horticulture, for its wealth of non-decomposed, organic matter and its strong capacity for water retention.

In the peat bogs exist a flora and a microfauna specific to cold countries which have taken refuge there since the melting of the glaciers, 12,000 years ago. The peat, thanks to its particular chemical composition, allows objects, such as plant, animal or human remains, to be preserved intact. While the entire history of these ancient and natural landscapes is stored in the peat, their future may very well depend upon eco-tourism, offering the study of fauna and flora.

The overgrazing of large herbivores favours the proliferation of grass to the detriment of the heath and leads to the erosion of the peat coating.

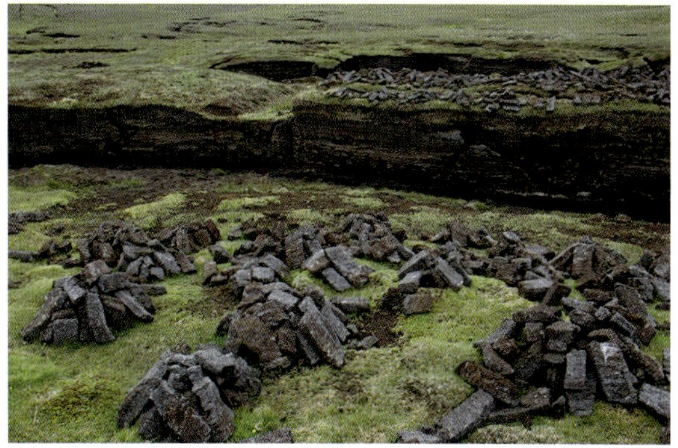

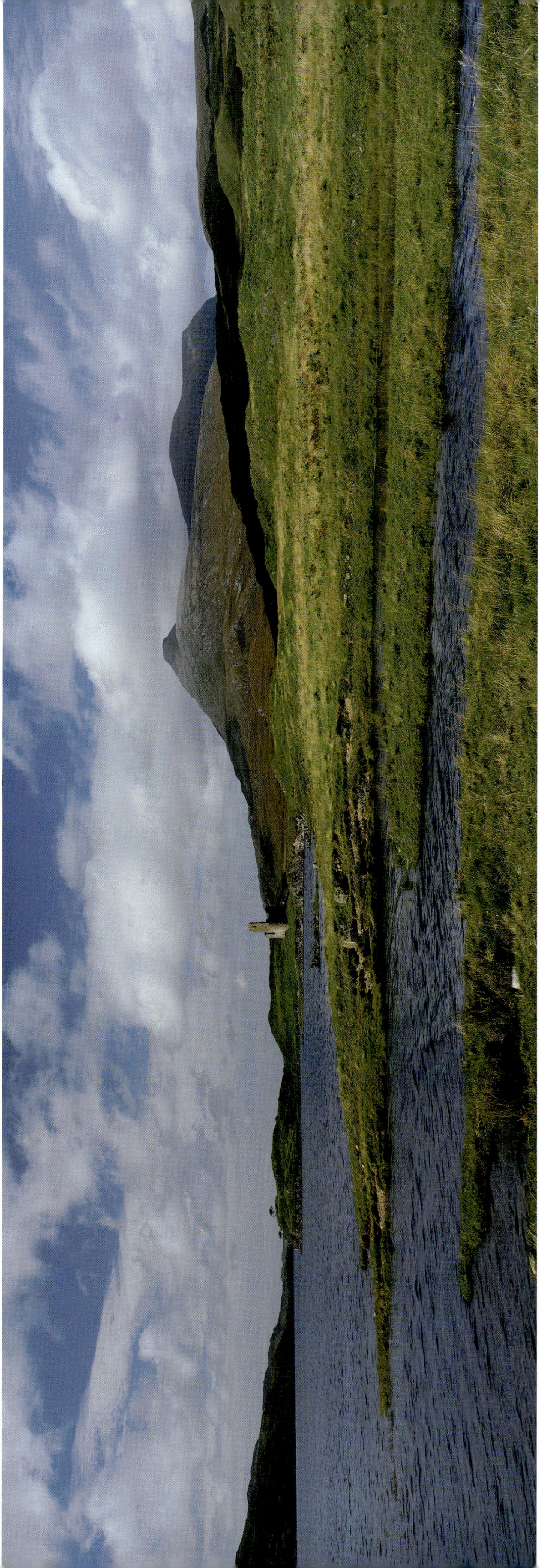

SUTHERLAND, LE PAYS DU SUD

Tout au nord des Highlands, la côte du Sutherland offre d'étonnantes plages de sable blanc qui se perdent à l'horizon. Parfois, on aperçoit des baleines ou des dauphins. Non loin de là, de l'autre côté de ce bras de mer, se trouve Cap Wrath dont le nom vient de hvarf, « tournant », car il désignait l'endroit où les bateaux des Vikings, arrivés à la pointe nord-ouest de l'Ecosse, viraient au sud ou à l'est. Ce comté le plus nordique de l'Ecosse, balayé par les vents de Norvège, figurait bel et bien « le sud » pour Thorstein le Rouge quand il s'en vint des Orcades y installer ses norsemen, en repoussant les celtes et les pictes toujours plus loin dans les hautes terres.

En grande partie, on peut dire que l'érosion (vent, pluie, gel, vagues) en brisant les roches en petits cristaux est responsable de la création des grains de sable. Ceux-ci finissent par suivre le cycle de l'eau et se déposent un peu partout sur les rivages. La composition du sable varie en fonction de la région où l'on se trouve. Le sable jaune du détroit de Durness est constitué notamment de quartz et de grès.

L'oyat est une plante résistante aux dures conditions du milieu dunaire. Elle est souple, se plie quand le vent souffle et garde une réserve d'eau. Cette graminée forme un réseau de racines très fines qui retiennent ainsi le sable et stabilisent les dunes, comme ici à Durness.

SUTHERLAND, THE "SOUTHERN LAND"

In the far north of the Highlands, the Sutherland coast offers surprising beaches of white sand which stretch as far as the eye can see. Sometimes, you can catch sight of whales or dolphins. Not far from here, on the other side of the sound, is Cape Wrath, the name of which comes from hvarf, "turning", because it indicated the place where the Viking boats, arrived at the northwest point of Scotland, and turned to the south or to the east. This most Scandinavian county of Scotland, swept by the winds of Norway, represented well and truly "the South" for Thorstein the Red when he came here from the Orkneys to settle Norsemen here, constantly pushing back the Celts and the Picts further into the Highlands.

To a large extent, we can say that erosion (wind, rain, frost, waves), breaking rocks into small crystals, is responsible for the creation of grains of sand. These eventually follow the cycle of water and settle almost everywhere on its shores. The composition of sand varies according to the region where it is to be found. The yellow sand of the strait of Durness consists mainly of quartz and sandstone.

The oyat plant is resistant to the hard conditions of the dune environment. It is flexible, bending when the wind blows, and maintains a reservoir of water. This grass forms a network of very fine roots which retain the sand and stabilize the dunes, such as here at Durness.

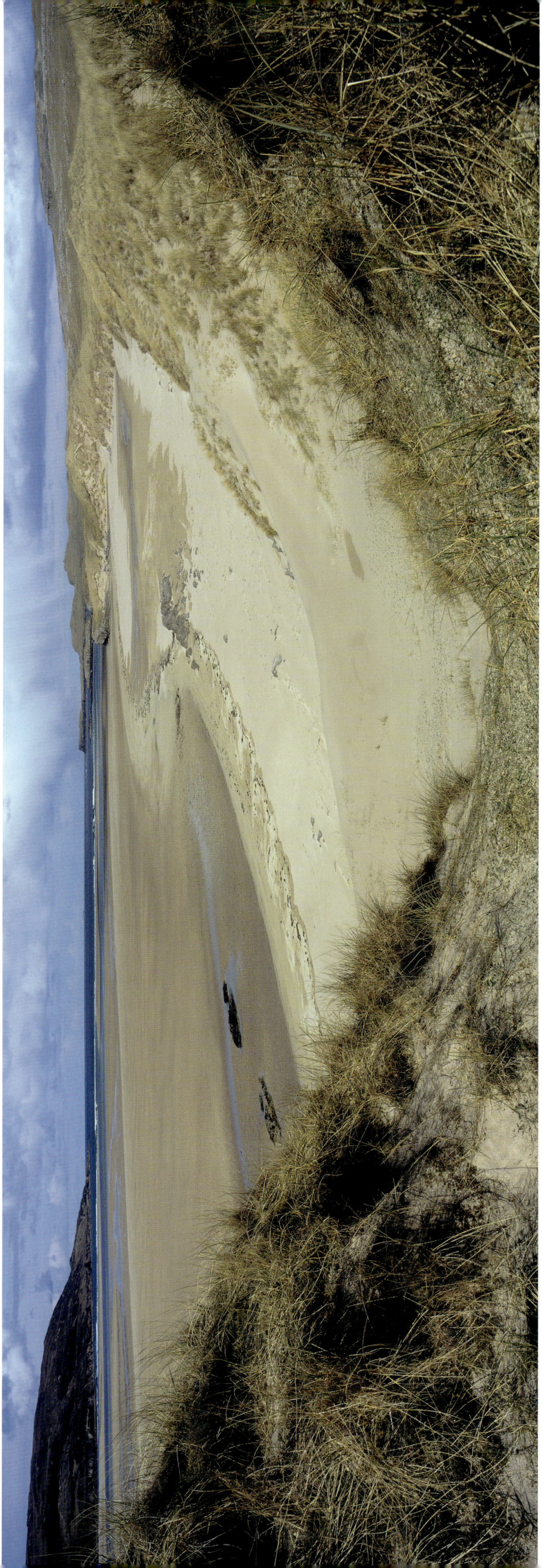

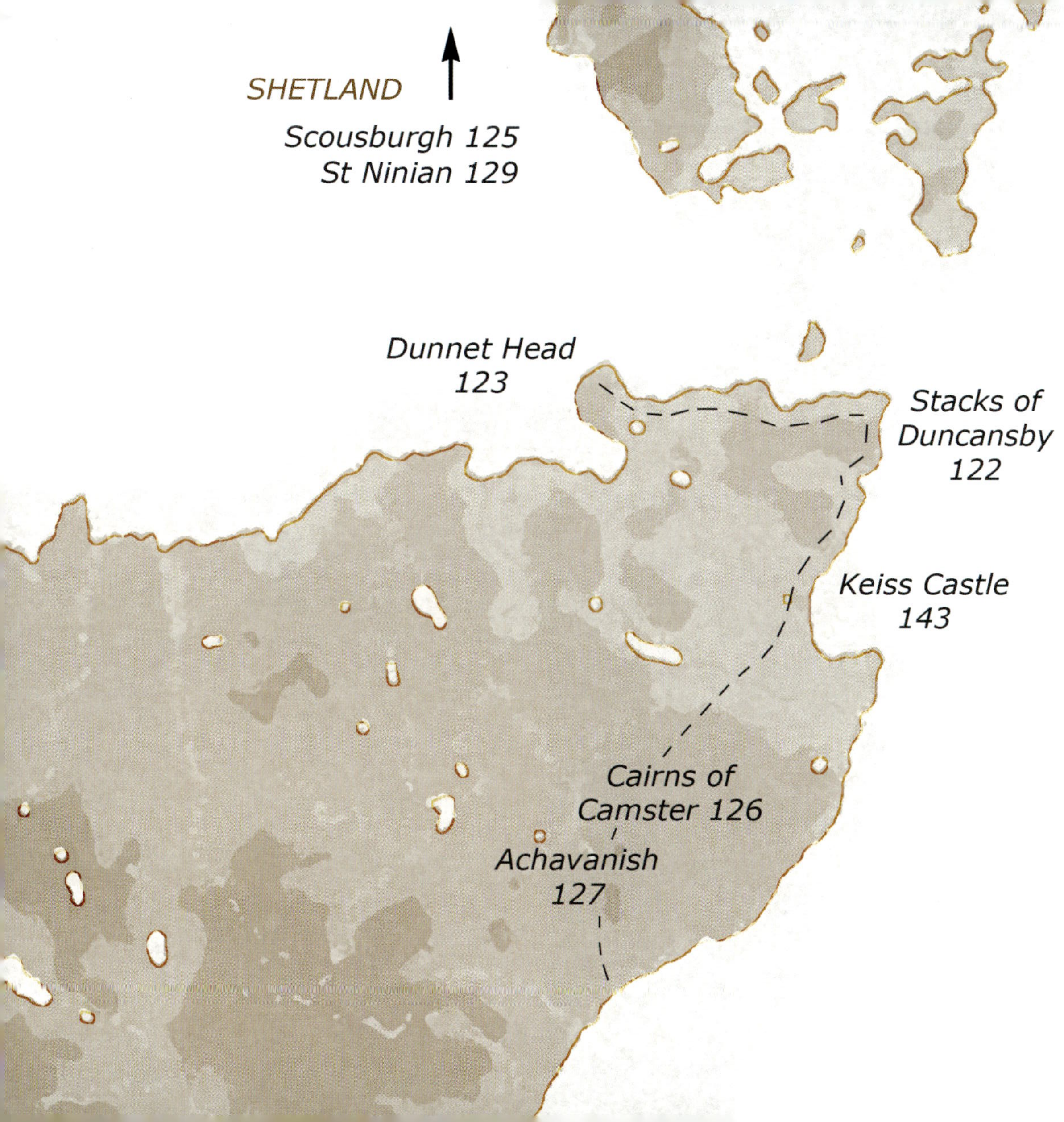

Caithness & Shetland

Les terres de vent | The windswept Lands

FACE AUX ÎLES DES ORCADES

Dunnet Head, le Cap Orcas d'une ancienne carte romaine, est une péninsule couverte de landes ne comptant pas moins de 10 petits lochs. Elle est protégée par un rempart naturel de falaises de grès rose qui s'élève à 120 mètres au-dessus des flots. Ce vaisseau de pierres qui s'avance droit dans la mer est le point le plus septentrional de Grande Bretagne.

Quelques kilomètres plus au sud, les tempêtes ont sculpté une variété impressionnante d'arcs, de cavernes et trois aiguilles solitaires. Les falaises soutiennent de grandes colonies d'oiseaux de mer. Par temps clair on peut voir les Orcades, 60 îles de granit rouge d'où vinrent jadis les Vikings.

Des vagues énormes tonnent contre l'étrave de Dunnet Head, la creusent, la déchiquettent. L'écume des embruns noie les rochers noirs. Les eaux du Pentland Firth sont les plus dangereuses d'Ecosse.

FACING THE ORKNEY ISLANDS

Dunnet Head, Cape Orcas on an ancient Roman map, is a moor-covered peninsula counting not less than 10 small lochs. It is protected by a natural wall of pink, sandstone cliffs which stand at 120 metres above the waves. This body of stone, advancing straight into the sea, is the most northerly point of Great Britain.

Some kilometres to the south, storms have sculptured an impressive variety of arches, caves and three solitary needles. The cliffs support large colonies of sea birds. On a clear day, you can see the Orkneys, 60 islands of red granite from where the Vikings came.

Enormous waves thunder against the coastline of Dunnet Head, digging at it, ripping at it. The foam of sea spray floods the black cliffs. Hardly surprising that the waters of Pentland Firth are the most dangerous in Scotland.

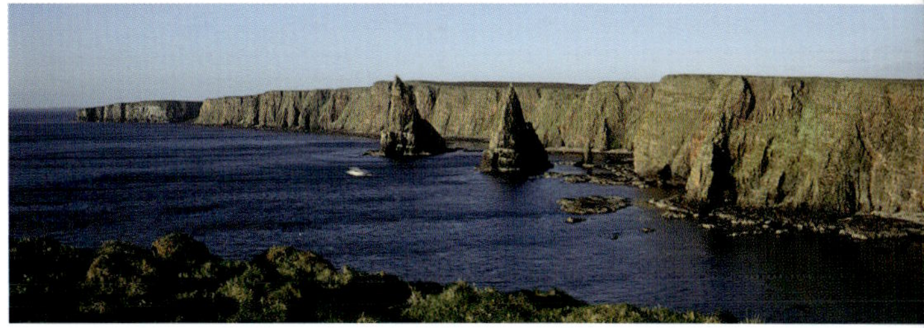

Duncansby

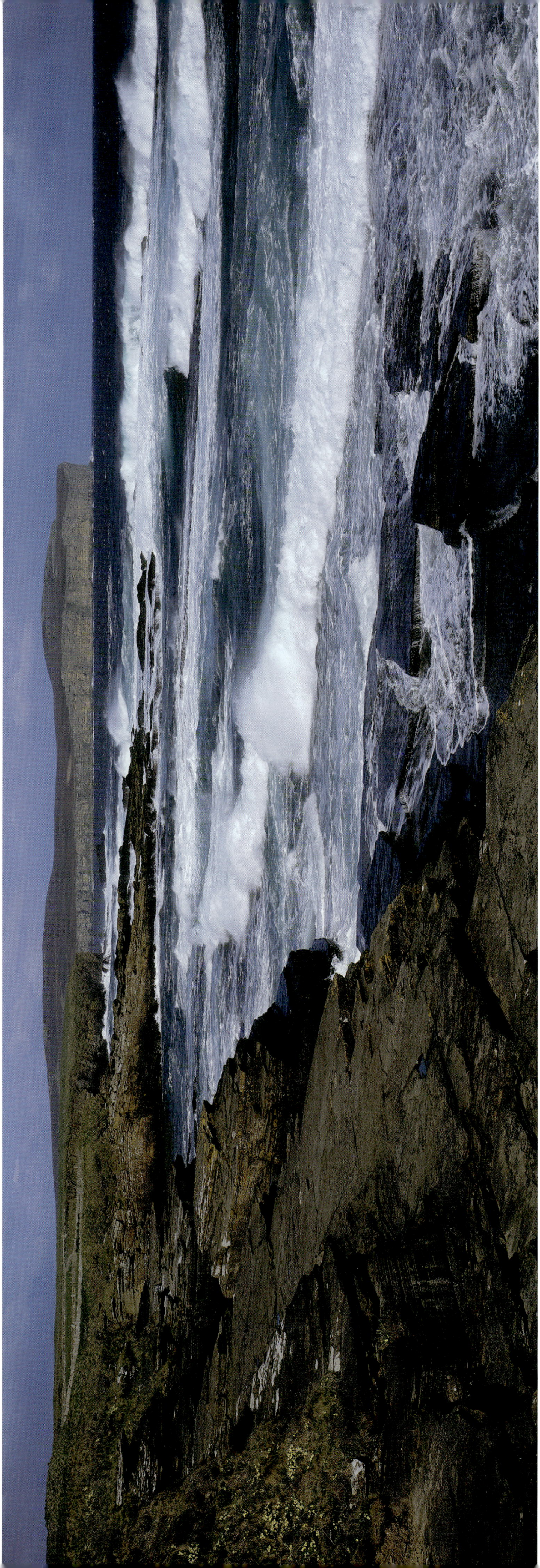

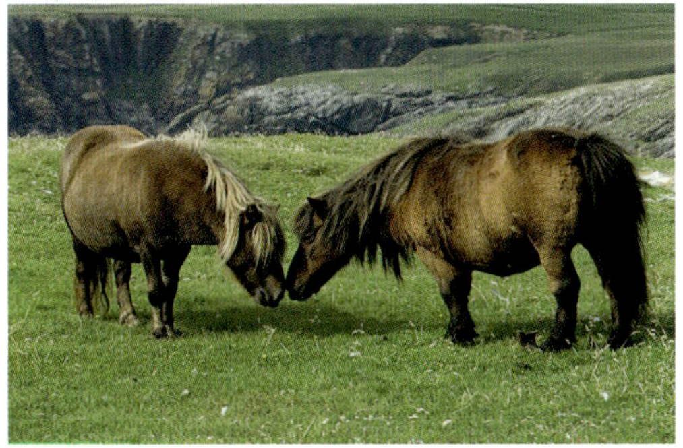

Poneys des Shetland — Shetland Ponies

SHETLAND, UNE TERRE SANS ARBRE

Les Shetland, quelques rochers oubliés sur le 60e parallèle, entre les Orcades et les îles Féroé. La côte shetlandaise est l'une des plus découpées au monde si bien que l'on n'est jamais à plus de 5 kilomètres de la mer. La nudité des îles, une lande infinie sans arbre, permet un horizon à perte de vue.

Les poneys, comme les premiers hommes, ont accompagné le retrait des glaciers, il y a 10 000 ans, alors que cette terre déserte était attachée aux Orcades et à l'Ecosse par un étroit passage. Puis à la fonte des glaces, la mer a isolé les Shetland. Les poneys sont donc les seuls mammifères qui y sont parvenus naturellement, rejoints par la suite par les phoques gris et les veaux-marins.

Vers l'an 800, les Vikings débarquèrent aux Shetland, la porte de l'Atlantique mais aussi une terre d'asile pour eux qui fuyaient leur patrie trop pauvre pour les nourrir tous. Territoire norvégien jusqu'en 1472 quand il fut loué à la couronne écossaise, le patrimoine viking reste important dans la vie culturelle de l'archipel.

La baie abritée de Scousburgh est située non loin de la pointe de Fora Ness dans le Mainland sud. Son sable est constitué de fragments de coquilles. Une large plaine de sable apportée par le vent (machair) s'étend à l'arrière des dunes, renforçant la baie et séparant le loch de Spiggie de la mer.

SHETLAND, THE TREELESS LANDSCAPE

The Shetland islands, some forgotten rocks on the 60th parallel, between the Orkneys and the Faero Islands. The Shetland coast is one of the most jagged in the world so one is never more than 5 kilometres from the sea. The bareness of these islands, their infinite moors devoid of trees, gives way to horizons which defy the limits of vision.

Ponies, like the early tribes, followed the retreating glaciers, 10,000 years ago, when this deserted land was attached to the Orkneys and Scotland by a narrow peninsular. Then, with the melting ice, the Shetlands became isolated by the sea. The ponies are thus the only mammals which arrived here naturally, joined later by the grey seal and the common seal.

Around 800 AD, the Vikings landed on the Shetlands, the gateway to the Atlantic Ocean but also an area of sanctuary for those who fled their impoverished homeland in search of food. A Norwegian territory until 1472 when it was rented to the Scottish crown, the Viking heritage remains important in the cultural life of the archipelago.

The bay sheltered from Scousburgh is situated not far from the point of Fora Ness on the southern mainland. Its sand is made up of shell fragments. A wide sand plain, transported by the wind, extends beyond the dunes, strengthening the bay and separating the Loch of Spiggie (to the left) from the sea.

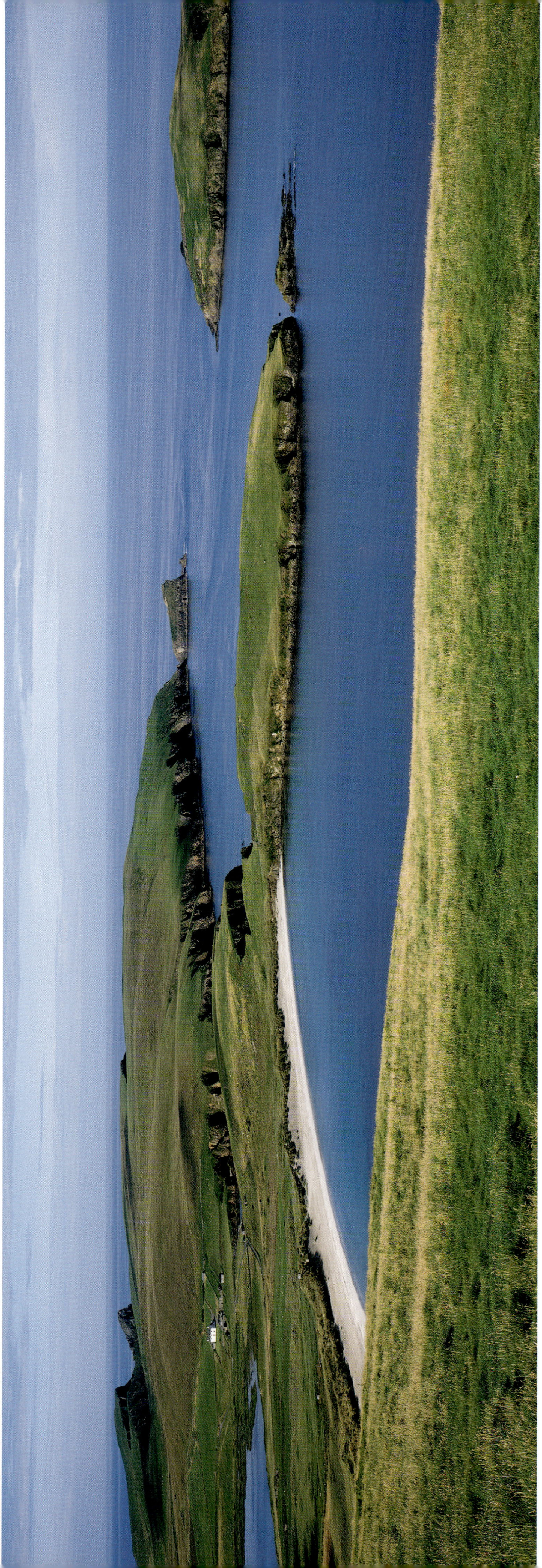

DES POINTS NÉVRALGIQUES DE L'ANCIEN MONDE

Le cercle de pierre près d'Achavanish domine le Loch Stemster. 30 menhirs, sur un total d'environ 54 autrefois, décrivent un fer à cheval parfait, ouvrant au sud-est sur une table funéraire. Il semble qu'ils n'aient pas une signification astronomique.

Non loin, trois tombeaux mégalithiques (4000-1800 avant notre ère) sont installés dans un marais, parmi les herbes rêches, la lande et les bruyères. Rien n'a dû changer à Camster, depuis l'âge de pierre, quand des hommes inconnus y apportaient des pierres, pour en faire des tombes. Le plus grand possède deux chambres séparées, et un couloir d'entrée.

Pour quel rite, pour quels dieux ces constructions ? Peut-être était-ce là qu'ils avaient moins peur...

Pour sentir la « puissance » de ces pierres grises couvertes de lichen vert, il faut venir tôt le matin, au moment où la brume se lève sur le lac, et se laisser envahir par le silence.

SPIRITUAL CENTRES OF THE ANCIENT WORLD

The stone circle near Achavanish dominates Loch Stemster. 30 standing stones, from a previous total of about 54, outline a perfect horseshoe, opening on to a funeral table to the southeast. It seems that they have no astronomical meaning.

Nearby, three megalithic graves (4000-1800 BC) are located in marshland, amid the rough grasses, moor and heather. Nothing has changed at Camster since the Stone Age, when unknown tribes brought stones to make graves. The largest of these possesses two separate chambers, and an entrance corridor.

For what rites and for which gods were these constructions made? Maybe it was there that they felt less afraid ...

To feel the "power" of these grey stones covered with green lichen, it is necessary to come early in the morning, as the mist rises over the loch, and absorb the silence.

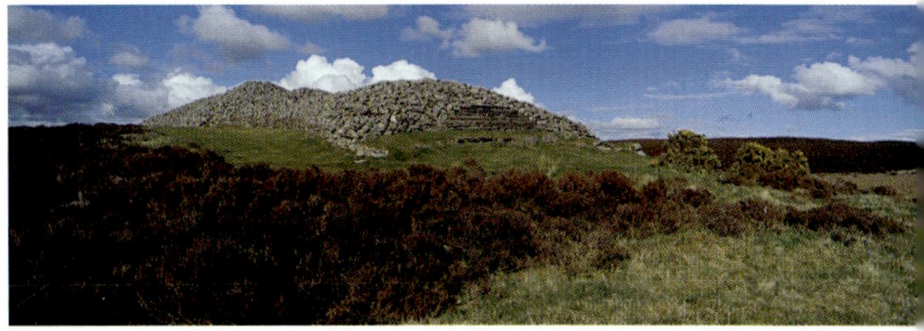

Camster

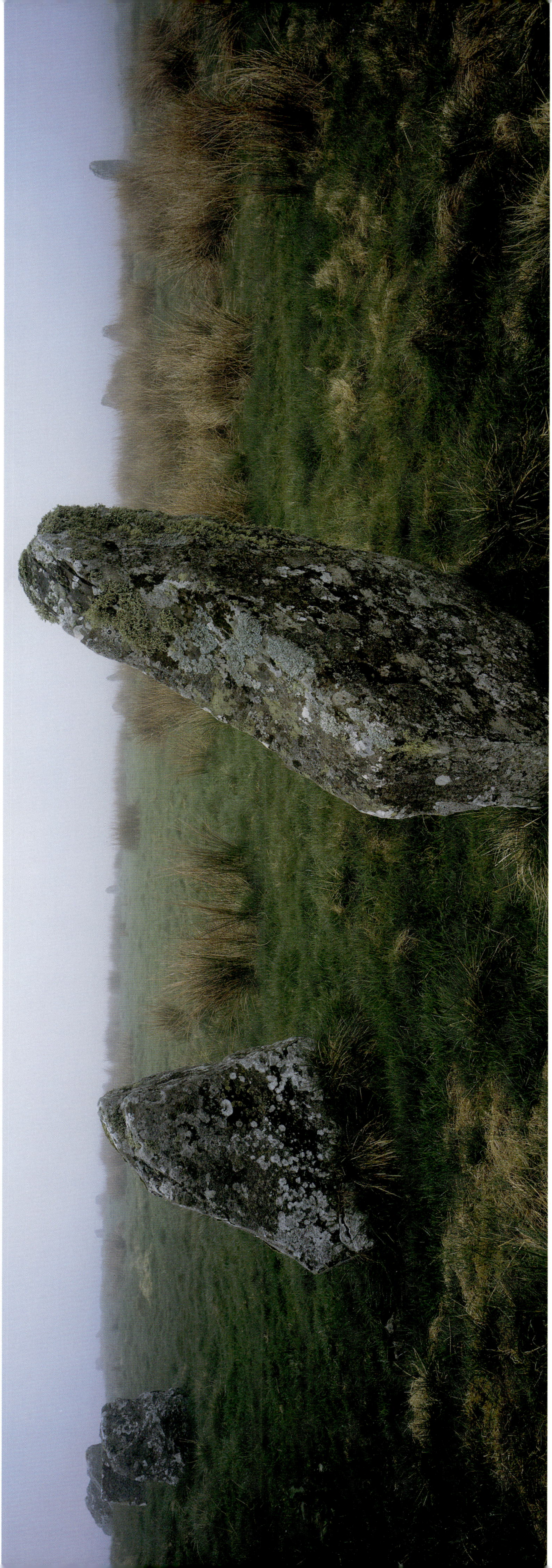

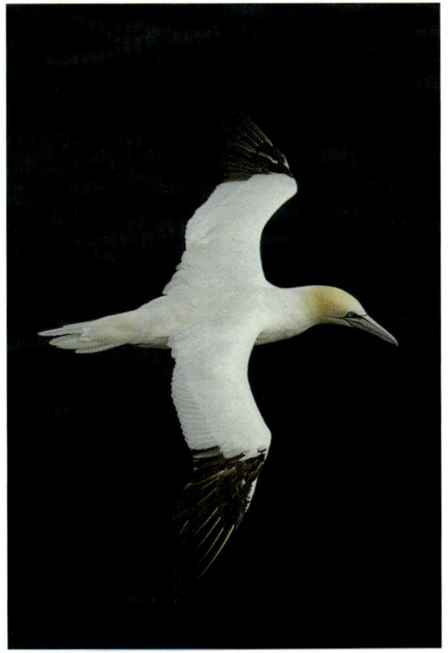

Fou de Bassan — Gannet

LA PATRIE DES OISEAUX DE MER

Attirés par les eaux poissonneuses et la tranquillité des îles des Shetlands, un million d'oiseaux de mer en ont fait une terre de répit. Sur les 220 espèces que les Shetland voit défiler (pétrels, cormorans, sternes arctiques, guillemots, macareux moines, labbes, pingouins...), 67 se reproduisent dans l'archipel. La densité d'oiseaux et le spectacle naturel offerts dans les nombreuses réserves en font un paradis sans véritable équivalent pour l'ornithologie en Europe.

Avec une envergure de 1,80 mètres et un poids de 3 kilogrammes, le fou de Bassan est le plus grand oiseau de mer de l'Atlantique Nord. Il pêche en s'élançant avec les ailes déployées en arrière dans de spectaculaires piqués. Cette « flèche » blanche frappe l'eau à 100 km/h et ingurgite généralement sa proie sous l'eau.

St Ninian est une petite île connectée par un isthme sablonneux, sur la côte sud-ouest des Shetland. Ce Tombolo est le plus beau d'Europe. Sauf lors de très hautes marées, il se situe au-dessus du niveau de la mer et est accessible aux marcheurs. Cette fusion subtile de terre et de mer par cette longue plage de sable blanc offre un paysage toujours renouvelé et changeant.

THE HOME OF SEA BIRDS

Enticed by fish filled waters and the tranquility of the Shetland Islands, a million sea-birds have made this a land of respite. Of the 220 species which fly over the Shetlands (fulmar, cormorants, arctic terns, guillemots, puffins, skua, penquins...), 67 reproduce in the archipelago. The high concentration of birds in the numerous reserves and the natural spectacle on display make this an ornithological paradise unparalleled in Europe.

With a 1.80 metre wing span and a weight of 3 kilograms, the gannet is the largest sea bird of the North Atlantic Ocean. It fishes by tucking its wings rearwards while performing spectacular dives. This white "arrow" strikes the water at 100 km/h and gulps down its prey, generally under water.

St Ninian is a small island connected by a sandy isthmus, on the southwest coast of the Shetlands. This tombolo (sand bar) is the most beautiful in Europe. Except during very high tides, it is situated above sea level and is accessible to walkers. The subtle fusion of earth and sea created by this long beach of white sand provides a constantly changing landscape.

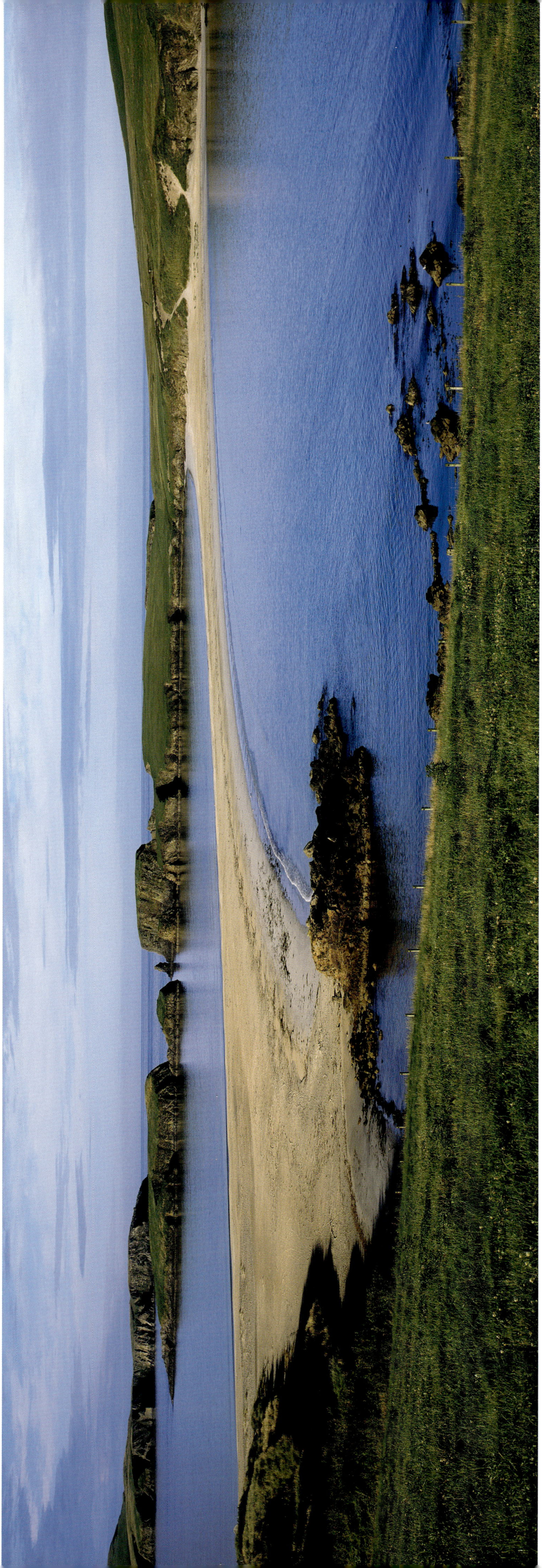

La nature en Ecosse | Natural scotland

VERS LA PROTECTION DE LA NATURE

C'est à un écossais émigré aux Etats-Unis, John Muir, que l'on doit le tout premier parc national au monde, celui de Yellowstone en 1872. Ce grand défenseur de l'environnement va influencer beaucoup d'écologistes écossais du XXe siècle dont Frank Fraser Darling. L'idée, vieille d'un siècle, a vite conquis l'Angleterre et le Pays de Galles. Mais en Ecosse, l'idée de réglementation, de gardes et de chemins balisés, a été perçue comme une atteinte à l'essence même de la nature sauvage des Highlands. L'Ecosse n'est que depuis peu une terre des grands espaces voués à la nature et à sa protection.

Mais ses paysages ne sont sauvages qu'en apparence. Après la fonte des derniers glaciers et l'installation d'un climat océanique relativement doux, une grande partie de ce pays est devenue un paysage modifié par les activités humaines. Les vallées se sont peuplées puis dépeuplées, l'industrie a changé la côte et ses paysages. 99 % des forêts primitives ont disparu et leur régénération est d'autant plus difficile que la population de cerfs augmente malgré leur abattage annuel et la chasse. Les plantations de conifères dans un but exclusivement commercial entraînent un appauvrissement des sols nuisant aussi bien à la faune qu'à la flore. Les moutons et les cerfs ont transformé la végétation en piétinant le sol et en mangeant les pousses. Avec le surpâturage, la couverture de bruyère des Highlands est en régression. Elle abrite pourtant une vie sauvage incomparable et de nombreuses espèces d'oiseaux nicheurs dépendent d'elle. La couche de tourbe a également été érodée.

Depuis les années 70, la croissance du tourisme, clef de l'emploi local et de l'avenir de l'économie, est devenue la menace la plus importante pour la préservation de cet environnement.

TOWARDS THE PRESERVATION OF NATURE

It is to the Scot, John Muir, who emigrated to the United States, that we owe the World's very first National park, that of Yellowstone (1872). This great environmentalist influenced many Scottish ecologists of the XXth century, one of whom was Frank Fraser Darling. The idea, a century old, was swift to conquer England and Wales, but in Scotland, the idea of rules, keepers and marked footpaths was perceived as an infringement of the very essence of Highland wilderness. Scotland has only recently adopted an official stance towards the conservation of her vast, natural environment.

But Scotland's landscapes are only wild to the eye. After the melting of the last glaciers and the installation of a relatively mild ocean climate, a large part of this country's landscape has been modified by human activity. Valleys were populated then depopulated and industry brought changes to the coast and its landscape. 99% of the native forests disappeared and their regeneration is impeded by the growing numbers of deer despite the hunting and annual culling. The plantation of conifers for an exclusively commercial purpose resulted in impoverished soils which also damaged the fauna and flora. Sheep and deer transformed the vegetation by trampling the ground and by eating shoots. Due to over-grazing, the heather cover of the Highlands is in regression. It shelters, nevertheless, a wildlife beyond compare and numerous species of birds depend upon it. The surface layer of peat has also been largely eroded.

Ironically, since the 70s, the development of tourism, being the principal source of local employment and the future of the economy, has become the most important threat to the environmental conservation upon which it depends.

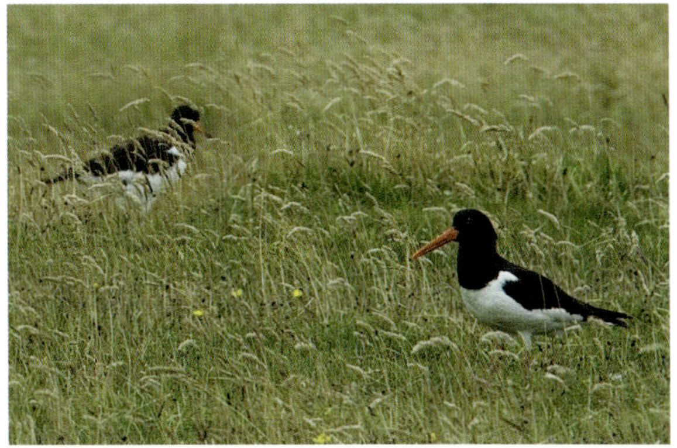

Huîtrier-pie — Oystercatcher

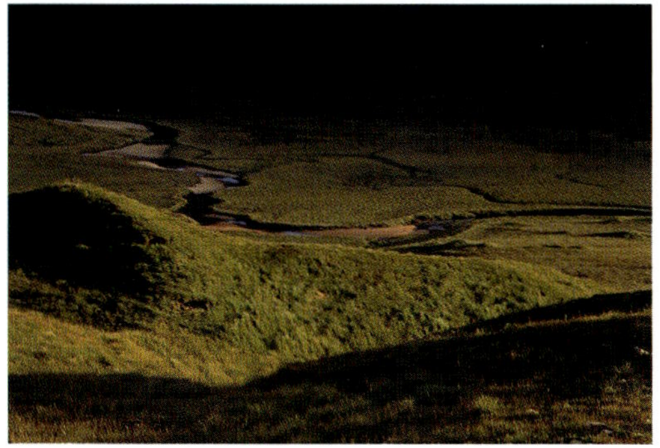

Aujourd'hui, le territoire est partagé en un nombre restreint de très grandes propriétés privées (estates), de domaines de la Commission forestière et de vastes réserves naturelles.

Dans les régions les plus robustes, capables de résister à l'impact des randonneurs et des grimpeurs, comme Torridon et Glencoe, le tourisme peut être encouragé afin d'aider l'économie locale. Dans d'autres, des mesures importantes s'imposent. Dans la grande majorité des lieux, il faut trouver le moyen d'équilibrer les intérêts du petit fermier, du propriétaire terrien (laird), du touriste, de l'entrepreneur local et des organismes de protection du patrimoine naturel.

Voilà pourquoi il est urgent qu'une politique à long terme coordonnée se mette en place pour permettre une gestion durable des sols et de la forêt. Elle concerne aujourd'hui près d'un cinquième du territoire et dès 1999 le nouveau Parlement écossais a mis l'accent sur la création de parcs nationaux. Les intérêts et l'implication de la population ont été placés au centre des objectifs à atteindre : régénérer et revivifier les systèmes naturels à l'intérieur des aires protégées, éliminer les facteurs préjudiciables, réintroduire les espèces perdues en raison de négligences humaines, utiliser leurs ressources de façon raisonnée, promouvoir la découverte de leurs spécificités et encourager le développement économique et social durable.

Les secteurs du Loch Lomond et des Trossachs sont devenus le premier parc national en 2002. Situés à 40 kilomètres au nord de la grande ville de Glasgow, ils sont les plus fréquentés des Highlands, avec cinq millions de visiteurs par an et nécessitent de toute urgence des mesures protectrices.

Today, the land is divided into a number of very large private estates, Forestry Commission domains and vast nature reserves.

In the more robust regions, capable of resisting the impact of walkers and rock-climbers, such as Torridon and Glencoe, tourism can be encouraged to help the local economy. In others, considerable measures are necessary. In the great majority of places, it is necessary to find a way to balance the interests of the small farmer, the landowner (laird), the tourist, the local entrepreneur and nature conservationists.

This is the reason why it is urgent that a coordinated long-term policy is set up to allow sustainable management of land and forest. It concerns nearly a fifth of the territory today and since 1999 the new Scottish Parliament has emphasized the need for the creation of national parks. The interests and the involvement of the local population were placed at the centre of the objectives to achieve: regeneration and revitalization of ecosystems inside the protected areas, elimination of harmful factors, reintroduction of species lost due to human carelessness, rational use of resources, increase in public awareness of environmental issues, and encouragement of sustainable economic and social development.

The region of Loch Lomond and the Trossachs became Scotland's first national park in 2002. Situated 40 kilometres north of the city of Glasgow, these are the most frequented parts of the Highlands. With 5 million visitors every year, protective measures are urgently required.

En 2003, les monts des Cairngorms sont devenus le deuxième parc national. Celui-ci contient un quart des reliques de la vieille forêt Calédonienne et 25 % des espèces menacées britanniques.

Ces deux parcs publics emploient un personnel chargé de traiter des questions spécifiques à leurs régions, et le Scottish Natural Heritage met à disposition des compétences en matière de recherche et de gestion au public intéressé. En 2005, le gouvernement a annoncé son intention de créer, dès 2008, le premier parc national marin et côtier d'Ecosse, le « Coastal & Marine National Park », afin de protéger ces milieux essentiels à la survie de l'Homme et à sa qualité de vie.

L'Ecosse possède aussi un vaste réseau de 250 réserves gérées par des associations, des fondations, des agences gouvernementales et des ONG. Ces organisations achètent et louent des terres dans un souci de conservation, de protection des habitats et de la vie sauvage. Un travail de partenariat avec les propriétaires terriens permet de signer des accords pour une gestion plus respectueuse de l'environnement dans un cadre défini par le gouvernement. Toutes ces réserves sont ouvertes au public et parcourues de chemins balisés.

Pour réussir, une aire protégée nécessite un périmètre suffisant, des pleins pouvoirs en matière d'aménagement du territoire, de construction et d'équipements, et un financement adapté. Elle devrait être gérée par un seul organisme représentant tant les intérêts nationaux que locaux, pleinement engagé à maintenir les caractéristiques ayant motivé le classement du site. Il faut ensuite, que la plupart des personnes qui la parcourent, ne le fassent pas comme si leur âme était déjà définitivement séparée de la nature. L' « Université du désert » chère à John Muir et ses cours... d'eau et de pierre a tellement à nous apprendre.

Vu du Loch Morlich, les Cairgorms (les « montagnes bleues ») où l'on trouve quelques vestiges de l'ancien haut plateau des Highlands.

In 2003, the Cairngorm Mountains became the second national park. This contains a quarter of the remains of the old Caledonian forest and 25% of threatened species in Britain.

These two public parks employ staff to handle questions specific to their regions, and Scottish Natural Heritage allows public access to information relating to research and management. In 2005, the government announced its intention to create, from 2008, the first "Coastal and Marine National Park", to protect these environments essential to the survival of man and the quality of life.

Scotland also possesses a vast network of 250 reserves managed by associations, foundations, governmental agencies and NGO's. These organizations buy and rent lands in the interests of conservation, the environment and wildlife protection. Working in partnership with landowners allows agreements to be signed which ensure a more respectful management of the environment as defined by the government. All these reserves are open to the public and marked out with footpaths.

To succeed, a protected area requires a sufficient perimeter, full powers with regard to regional development, construction materials and equipment, as well as a cohesive financial plan. It should be managed by a single body representing both national and local interests, fully commited to preserve the conditions that inspired the site classification. It is then necessary that the majority of people who travel through the area do so with a conscience adapted to the interests of the natural environment. In the "University of the Desert", so dear to John Muir and his courses, ... the courses of water and periods of stone have much to teach us.

Seen from Loch Morlich, the Cairgorms ("blue mountains") where we find ancient vestiges of the high plateau of the Highlands.

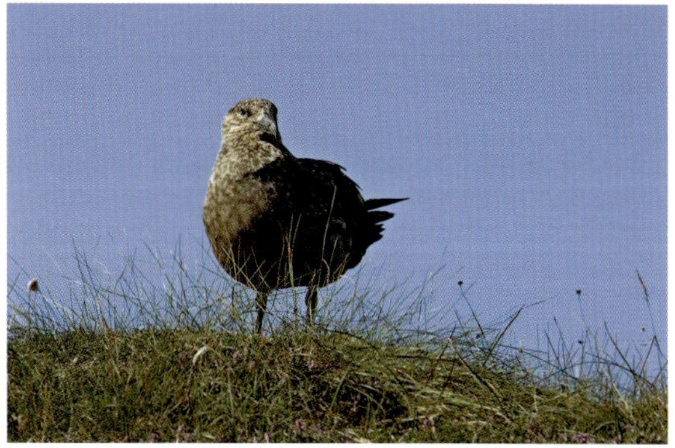

Grand labbe — Great Skua

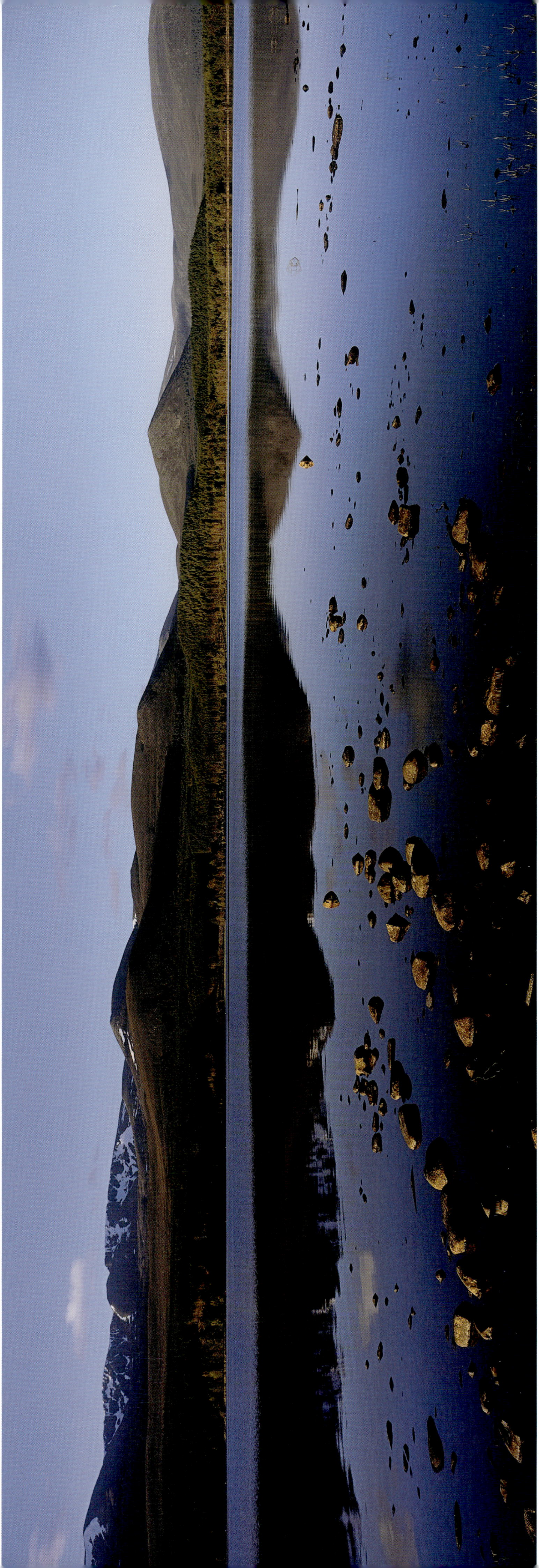

Références | Bibliography

POUR DÉCOUVRIR LA NATURE — TO DISCOVER NATURE

LES STRUCTURES GOUVERNEMENTALES — THE GOVERNMENTAL STRUCTURES

Scottish Natural Heritage (SNH): http://www.snh.org.uk
Forestry Commission: http://www.forestry.gov.uk/
Highland and Islands Entreprise (HIE): www.hie.co.uk
Scottish Environment protection Agency (SEPA): http://www.sepa.org.uk/

LES ORGANISATIONS NON GOUVERNEMENTALES — NON-GOVERNMENTAL ORGANISATIONS

Royal Society For Protection Of Birds (RSPB): http://www.rspb.org.uk/
Scottish Wildlife Trust (SWT): http://www.swt.org.uk/
International Otter Survival Fund (IOSF): http://www.otter.org/
The National Trust for Scotland: http://www.nts.org.uk/
National Nature Reserve: http://www.nnr-scotland.org.uk/about.asp
Scottish Environment Link: http://www.scotlink.org/

PARCS NATIONAUX — NATIONAL PARKS

Loch Lomond and the Trossachs National Park: http://www.lochlomond-trossachs.org/
Cairngorms National Park: http://www.cairngorms.co.uk/
Scottish Executive's Environment: http://www.scotland.gov.uk/Topics/Environment/Countryside/
Scottish Council for National Park: http://www.scnp.org.uk/

LIVRES — BOOKS

The nature of Scotland, 1997, Magnus Magnusson & Graham White, 1997, Canongate Press - ISBN 0862416744
Ecosse de David Reby et Laurent Cocherel, 1999, Romain Pages Edition - ISBN 2-84350-018-4

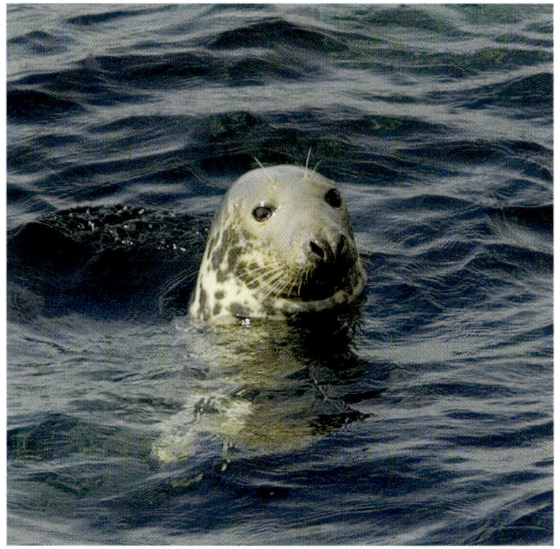

LEXIQUE — GLOSSARY

Montagnes et collines	BEN	Mountain or hills
Tas de pierres élevé comme monument ou repère	CAIRN	Pile of stones raised like a monument or landmark
Petit lopin de terre avec ferme	CROFT	Small plot of ground with farm
(« petits loch noir ») : Mares superficielles des tourbières	DUBH LOCHAIN	(« small black loch »): Shallow ponds of the peat bogs
Ile	EILEAN	Island
Estuaire	FIRTH	Estuary
Celte habitant l'Ecosse, même racine linguistique que gaul (gaulois)	GAËL	Celt living in Scotland, the same linguistic root as Gaul
Vallée étroite où coule une rivière	GLEN	Narrow valley where a river flows
Embouchure	INVER	Mouth (of a river)
Détroit, bras de mer	KYLE	Strait, Sound, narrow stretch of sea
Plan d'eau (lacs ou étangs)	LOCH	Stretch of water (lake or pond)
Petit plan d'eau	LOCHAN	Small stretch of water
Marais	MARSHES	
Lande	MOOR	
Péninsule	MULL	Peninsula
Montagne de plus de 914 mètres d'altitude	MUNRO	Mountain greater than 3000ft
Tourbière	PEAT BOG	
Promontoire	ROSS	Headland
Fjord	SEA LOCH	Fjord
Large vallée ou plaine au bord d'une rivière	STRATH	Wide valley or plain at the edge of a river

LIENS UTILES — USEFUL LINKS

GEOLOGIE	http://www.scottishgeology.com/	GEOLOGY
SUR LA QUESTION DES EVICTIONS	Improvement, pauvreté, évictions et émigration de Christian Auern, 2004, Publibook - ISBN : 2748304357 Nombreux livres en anglais / Numerous books in English	THE CLEARANCES
RANDONNEES COTE OUEST	http://www.b-mercer.demon.co.uk/links.htm (nombreux liens / numerous links) http://www.west-highland-way.co.uk/ Livres / Books: West Highland Way official guide, 2004, Mercat Press - ISBN 1841830666 A Long Walk on the Isle of Skye: A New 75-mile Island Trail, David Paterson, 1999, Peak Publishing - ISBN 0952190842 The Cape Wrath Trail: A New 200-mile Walking Route Through the North-west Scottish Highlands, David Paterson, 1997, Peak Publishing - ISBN 0952190818	WEST COAST HIKING TRAILS
L'AME DE L'ECOSSE	Les livres de Kenneth White : Ecosse, 1998, Autrement (Collectif) - ISBN : 2862602701 Ecosse, 1992, Arthaud - ISBN : 2700307011 Ecosse : Le Pays derrière les noms, 2001 Terre de brume - ISBN : 2843621224 Nombreux livres en anglais / Numerous books in English	THE SOUL OF SCOTLAND
POUR S'INFORMER	Association Franco-Ecossaise : http://www.franco-ecossaise.asso.fr/ Scotland's National Tourist Board: http://www.visithighlands.com/	FURTHER INFORMATION

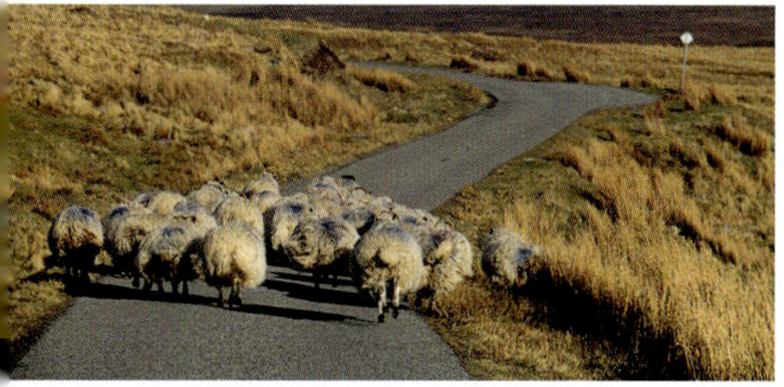

Pour atteindre la baie de Kilchoan, la route serpente dans d'incroyables solitudes. De loin en loin, un évitement permet le croisement de véhicules. Le salut qui l'accompagne entretient la convivialité et nécessite le respect de l'autre. Kilchoan, le village le plus à l'ouest de la Grande-Bretagne.

To reach Kilchoan bay, there is an incredibly lonely, winding road. Here and there, passing places allow vehicles to pass. The greetings which are exchanged maintain conviviality and ensure mutual respect. Kilchoan, the most westerly village of Great Britain.

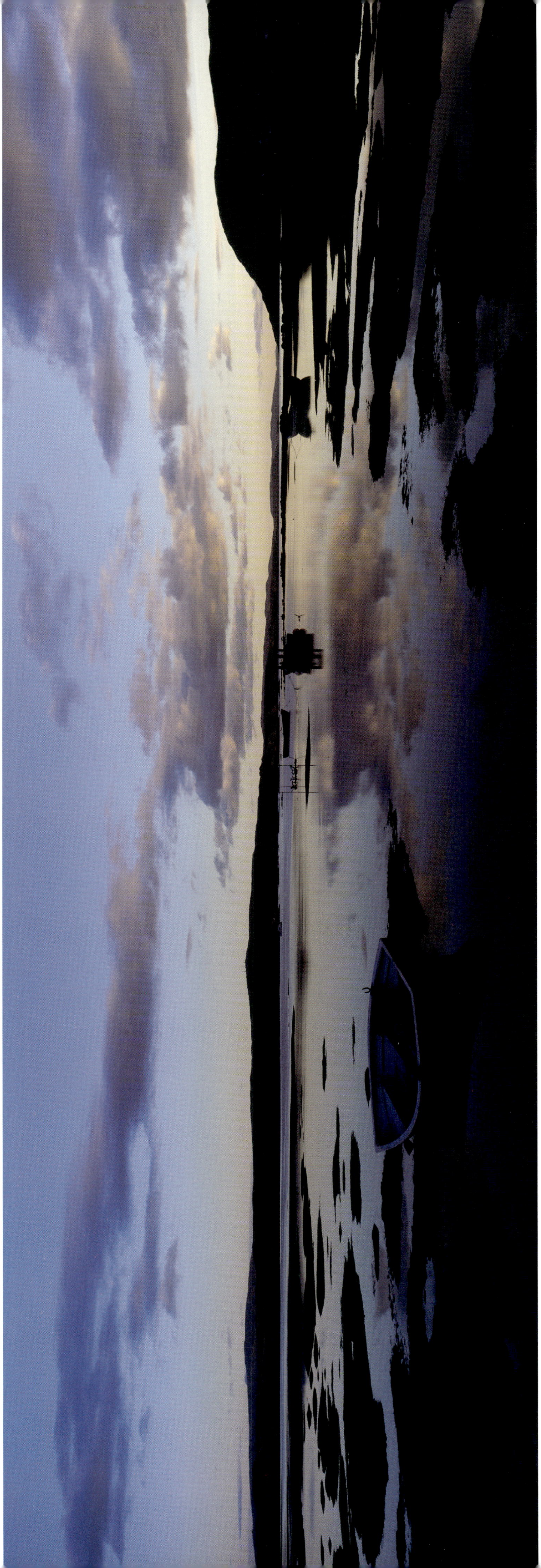

Les photographies ont été réalisées en lumières naturelles avec un boîtier Fuji GX 617 Panoramique et avec des films Fujichrome Provia 100F et Velvia 50.
Aucun filtre n'a été utilisé, ni aucun procédé spécifique au développement.
Pour plus d'informations concernant l'activité d'Hervé Sentucq, expositions, conférences, tirages d'art... visitez son site internet : **www.panoramart.com**.

Conception graphique par l'auteur avec les conseils d'Antoine Cuvelier et de Laurent Rouault.
Photogravure par l'auteur assisté du laboratoire Coup de Soleil : www.coupdesoleil.fr.

Traduction anglaise : Karla MacKenzie (Nouvelle-Zélande),
Jonathan Findlay (Ecosse)

Achevé d'imprimer en Italie en novembre 2006 sur les presses de l'imprimerie Eurografica (Marano).

EDITION**PANORAMART** - contact : **herve@panoramart.com**

ISBN - 10 : 2-9527882-0-0
ISBN - 13 : 978-2-9527882-0-5

page 143 : Château de Keiss, Caithness
page 144 : Pour demeurer confondu devant l'immense nappe d'eau du Loch Lomond, il faut rechercher la solitude exaltante nécessaire au romantisme et au sublime.

Photos were taken in natural light with a panoramic Fuji GX 617 camera using Fujichrome Provia 100F and Velvia 50 films.
Neither filters nor special developing processes were used.
For more information concerning Hervé Sentucq's activity, exhibitions, conferences and prints, please visit the website: **www.panoramart.com**.

Graphic conception by the author, with advice from Antoine Cuvelier and Laurent Rouault.
Slide scanning: by the author with the assistance of www.coupdesoleil.fr.

English translation: Karla MacKenzie (New Zealand),
Jonathan Findlay (Scotland)

Printing completed in Italy in November 2006 on the presses of the Eurografica (Marano) printing company.

EDITION**PANORAMART** - contact: **herve@panoramart.com**

ISBN - 10 : 2-9527882-0-0
ISBN - 13 : 978-2-9527882-0-5

page 143: Keiss Castle, Caithness
page 144: To linger in amazement at the immensity of Loch Lomond, you are obliged to call upon the exalting solitude which is essential to the romantic and the sublime.

REMERCIEMENTS - ACKNOWLEDGEMENTS

Valérie Couché
Antoine Cuvelier
Jean-Paul Corsini
Laurent Rouault
Nicolas & Nathalie Bellardie
Sébastien Feugnet
Chantal Postel
Roland Tourbot
David Anakwue
Anne Billien
Arnaud Frich
Sophie Lassous
Anne-Sophie Mauffré
Georges Henry Laffont
La Maison du Whisky
L'Association Franco-Ecossaise
Christine, Roger & Liliane Chantelauze

Alain Dupeyron
Karla MacKenzie
Jonathan Findlay
Karine Meuzard
Peter Jones
James Hodges
Pierre Grimaud
Cybèle Vincent
Isabelle Hadengue
Jean-Charles Candida
Clotilde Louis
Gérard Mathorel
Stéphane Scotto
Olivier Joseph

et beaucoup d'autres... and many others ...

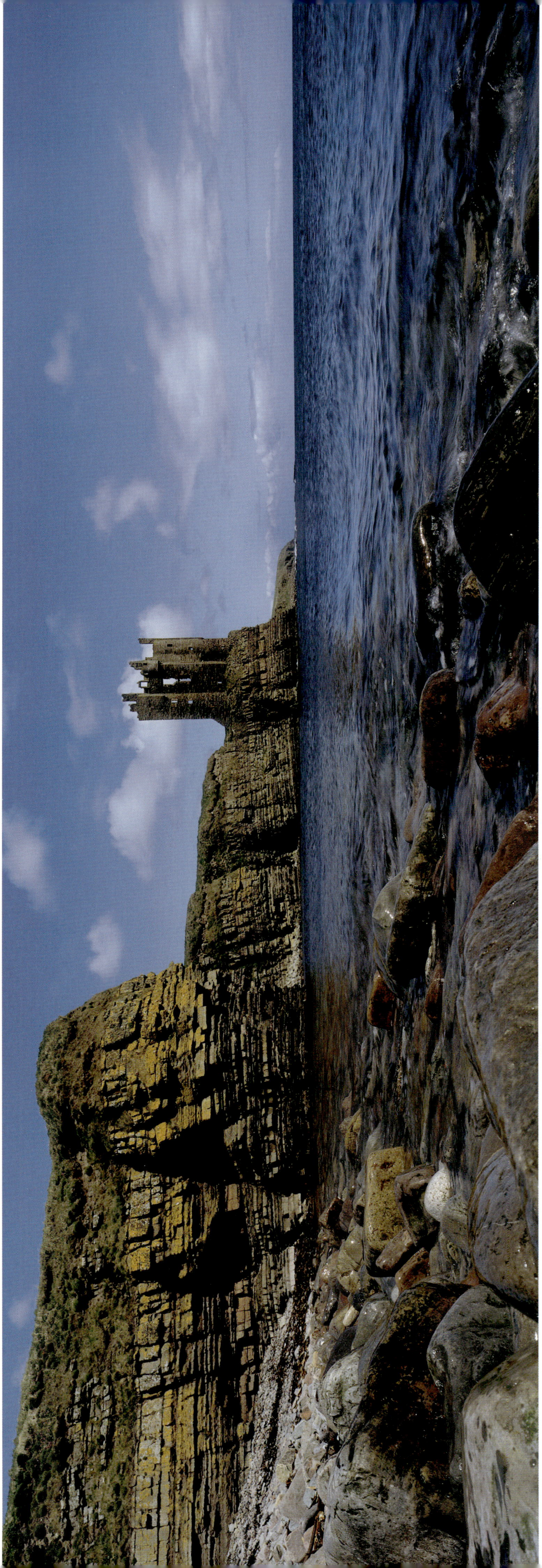

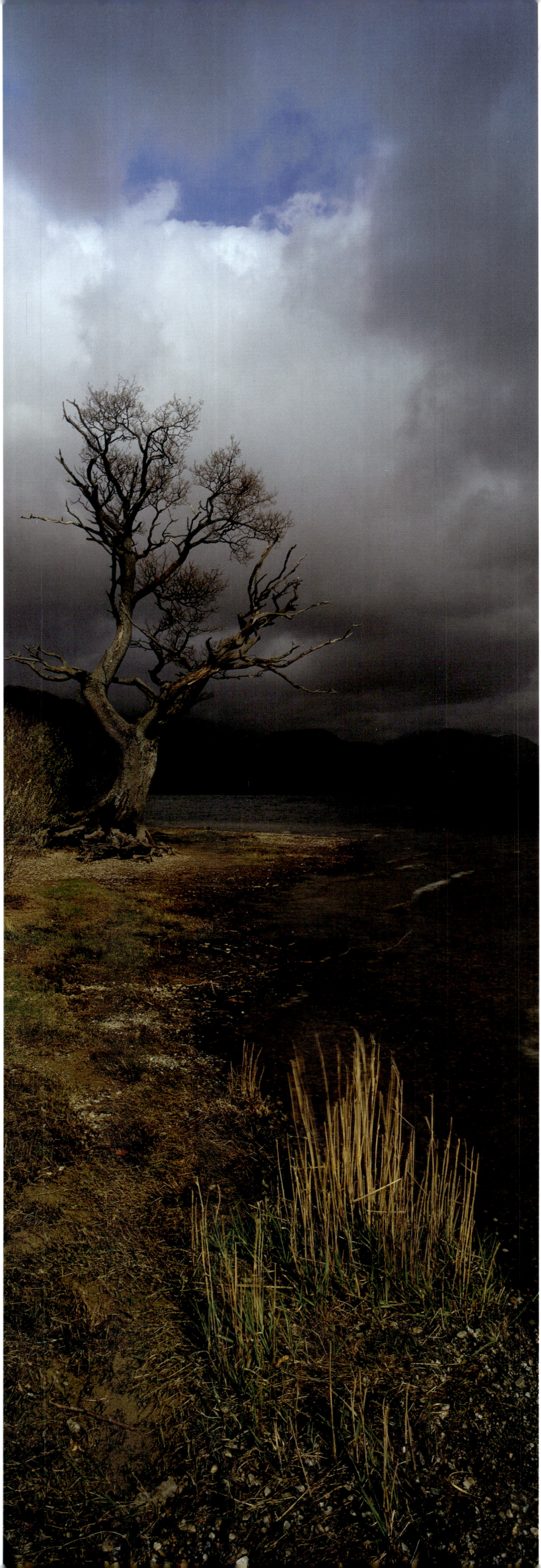